Weiterführend empfehlen wir:

Vermögensaufbau für Ehepaare
ISBN 978-3-8029-3657-9

Haftung für Ehepartner, Kinder, Verwandte
ISBN 978-3-8029-3346-2

Werdende Mütter brauchen Geld
ISBN 978-3-8029-3778-1

Das aktuelle Scheidungsrecht
ISBN 978-3-8029-3514-5

Trennung und Scheidung
ISBN 978-3-8029-3784-2

Das neue Unterhaltsrecht
ISBN 978-3-8029-3802-3

Kinder ohne Trauschein
ISBN 978-3-8029-3705-7

Paare ohne Trauschein
ISBN 978-3-8029-3433-9

Geld-Checkliste Scheidung
ISBN 978-3-8029-3971-6

Elternunterhalt: Wann zahlen Kinder für ihre Eltern?
ISBN 978-3-8029-3789-7

Wir freuen uns über Ihr Interesse an diesem Buch. Gerne stellen wir Ihnen kostenlos zusätzliche Informationen zu diesem Programmsegment zur Verfügung.

Bitte sprechen Sie uns an:

E-Mail: WALHALLA@WALHALLA.de
http://www.WALHALLA.de

Walhalla Fachverlag · Haus an der Eisernen Brücke · 93042 Regensburg
Telefon (09 41) 5 68 40 · Telefax (09 41) 56 84 111

Finn Zwißler

Der individuelle Ehevertrag

Ansprüche klären – Streit vermeiden
Moderne Partnerschaft trotz Trauschein
5., aktualisierte Auflage

Bibliografische Information Der Deutschen Bibliothek
Die Deutsche Bibliothek verzeichnet diese Publikation in der Deutschen Nationalbibliografie;
detaillierte bibliografische Daten sind im Internet über http://dnb.ddb.de abrufbar.

Zitiervorschlag:
Finn Zwißler, Der individuelle Ehevertrag
Walhalla Fachverlag, Regensburg 2008

Hinweis: Unsere Werke sind stets bemüht, Sie nach bestem Wissen zu informieren.
Die vorliegende Ausgabe beruht auf dem Stand von März 2008. Verbindliche Auskünfte
holen Sie gegebenenfalls bei Ihrem Steuerberater bzw. Rechtsanwalt ein.

5., aktualisierte Auflage

© Walhalla u. Praetoria Verlag GmbH & Co. KG, Regensburg
Alle Rechte, insbesondere das Recht der Vervielfältigung und Verbreitung
sowie der Übersetzung, vorbehalten. Kein Teil des Werkes darf in irgendeiner Form
(durch Fotokopie, Datenübertragung oder ein anderes Verfahren) ohne schriftliche
Genehmigung des Verlages reproduziert oder unter Verwendung elektronischer
Systeme gespeichert, verarbeitet, vervielfältigt oder verbreitet werden.
Produktion: Walhalla Fachverlag, 93042 Regensburg
Umschlaggestaltung: grubergrafik, Augsburg
Druck und Bindung: Westermann Druck Zwickau GmbH
Printed in Germany
ISBN 978-3-8029-3426-1

*Nutzen Sie das Inhaltsmenü:
Die Schnellübersicht führt Sie zu Ihrem Thema.
Die Kapitelüberschriften führen Sie zur Lösung.*

Verliebt, verlobt, verheiratet... 7

Abkürzungen 9

1 Warum einen Ehevertrag schließen? 11

2 Was in Ihrem Ehevertrag stehen könnte
Mit Muster-Formulierungen 17

3 Wahl des Ehenamens 29

4 So regeln Sie Ihren Unterhalt
Mit Muster-Formulierungen 35

5 Güterstände: Vor- und Nachteile .. 47

Schnellübersicht

6 Versorgungsausgleich und Alterssicherung 61

7 Wie Sie Ihr Vermögen erfolgreich verwalten 71

8 Wie Sie sich vor dem Fiskus schützen 75

9 Die Ehe mit einem Ausländer/ einer Ausländerin 79

10 Was tun, wenn einer von beiden stirbt? 87

11 Vier Muster-Eheverträge 91

12 Hilfreiche Adressen 109

Findex 111

Verliebt, verlobt, verheiratet ...

Ein Ehevertrag schützt nicht nur im Fall einer Scheidung – an die sowieso beim Abschluss eines Ehevertrages kaum einer denkt und auch nicht denken muss –, sondern hilft gerade bei intakter Ehe, Vermögen aufzubauen und für das Alter vorzusorgen. Zudem kann der eine Ehegatte sein Vermögen durch Ehevertrag vor dem Zugriff eventueller Gläubiger des anderen Ehegatten sichern. Dies ist insbesondere Partnern von Selbstständigen anzuraten. Geht die Firma in die Insolvenz, kann durch Ehevertrag wenigstens das Eigenheim gerettet werden.

Auch wenn sich beide die ewige Treue schwören, kann es zum Erbfall kommen. Dann kann nicht nur der Fiskus teuer werden. Auch das Eigenheim oder die Firma unter den Erben aufzuteilen, wird oftmals mit hohen Verlusten verbunden sein, da häufig dazu ein Verkauf erforderlich ist, der dann meist nicht zur besten Zeit erfolgt.

Der vorliegende Ratgeber kann und will den Gang zum Notar und Rechtsanwalt nicht ersetzen. Er soll jedoch zum einen demjenigen, der schon einen Ehevertrag geschlossen hat, helfen, diesen richtig lesen zu können. Aber vor allem soll er all denjenigen, die einen Ehevertrag schließen oder ihren bereits bestehenden Ehevertrag abändern möchten, Wissen vermitteln sowie die Partner zu Ideenreichtum anregen.

Dieses Wissen und die neu gewonnenen Vorstellungen werden Ihnen die Entscheidung darüber, ob Sie einen Ehevertrag schließen wollen, erleichtern und Sie insbesondere auch auf den Termin vor dem Notar oder bei Ihrem Rechtsanwalt vorbereiten. Sie werden dann nicht nur den Notar bzw. Ihren Rechtsanwalt besser verstehen, sondern Sie werden auch Ihre Vorstellungen dem Fachmann leichter verständlich machen können. – Denn der Rechtsanwalt ist immer nur so gut wie sein Mandant.

Der Ratgeber verschafft Ihnen einen Überblick über die Materie, insbesondere was ein Ehevertrag ist und weshalb man einen solchen

Verliebt, verlobt, verheiratet …

schließen sollte. Hilfreich ist die Erläuterung wichtiger Fachbegriffe sowie die Darstellung der beiden Kernbereiche eines Ehevertrages:

- Was sollte sinnvollerweise geregelt werden?
- Welche Möglichkeiten stehen offen?

Tipps, wie Sie sich vor dem Fiskus schützen, dürfen natürlich nicht fehlen. Auch die Besonderheiten bei Ehen mit und unter Ausländern sind berücksichtigt, ebenso die erbrechtlichen Fragen im Zusammenhang mit einem Ehevertrag. Schließlich können Sie sich anhand von vier Vertragsmustern – je nach Ehetyp – ein Bild davon machen, wie ein Ehevertrag letztendlich aussehen kann.

Ich wünsche Ihnen gutes Gelingen.

Finn Zwißler

Abkürzungen

BGB Bürgerliches Gesetzbuch
EGBGB Einführungsgesetz zum Bürgerlichen Gesetzbuch
KG Kommanditgesellschaft
OHG Offene Handelsgesellschaft

Finn Zwißler
Prielmayerstraße 3
80335 München
Tel. 0 89/55 02 73 11
Fax: 0 89/55 02 73 13
E-Mail: kanzlei@rechtsanwalt-zwissler.de
Homepage: www.rechtsanwalt-zwissler.de

Warum einen Ehevertrag schließen? 1

Was Sie zu einem Ehevertrag
motivieren könnte 12

Warum eine Ehe mit Ehevertrag
eine gute Alternative
zur „wilden Ehe" sein kann 13

Wie ein Ehevertrag geschlossen wird .. 14

Warum einen Ehevertrag schließen?

Was Sie zu einem Ehevertrag motivieren könnte

Das Eherecht des Bürgerlichen Gesetzbuches (BGB) ist standardisiert und typisiert sowie einem ständigen Wandel unterzogen. Maßgebend für diesen Wandel sind stets die verschiedenen Strömungen in der Gesellschaft. Es wird vom Gesetzgeber aber nicht jede neue Strömung erfasst oder toleriert. Oftmals wird eine Veränderung in der Gesellschaft auch erst Gesetz, wenn diese bereits durch eine neue Veränderung überholt wird. Dies führt dazu, dass der vom Gesetzgeber gewollte Ehetyp bzw. die Ehetypen – da man aus dem Gesetz eigentlich mehrere Typen herauslesen kann – vielleicht auf einen großen Teil der Gesellschaft einigermaßen passen mag, aber oftmals nicht auf die eigene Ehe. Man tut sich daher gegenseitig nichts Schlechtes, wenn man mit seinem Partner einen Ehevertrag schließt, sondern man wandelt das Gesetz nur auf die beiderseitigen individuellen Bedürfnisse ab.

Diese Möglichkeit, die ehelichen Vorschriften in großem Umfang auf die eigene Ehe zuzuschneiden, sieht das Gesetz gerade auch vor, indem viele Vorschriften abänderbar sind. Dies darf natürlich nicht darüber hinwegtäuschen, dass etliche Vorschriften auch zwingend sind, d. h. dass in den Bereichen der zwingenden gesetzlichen Vorschriften individuelle Vereinbarungen nicht möglich sind. Der ganz individuelle Ehetyp kann also nicht vereinbart werden und schon gar nicht eine Form des partnerschaftlichen Zusammenlebens, welches die Grundvoraussetzungen einer Ehe nicht mehr erfüllt.

Warum eine Ehe mit Ehevertrag eine gute Alternative zur „wilden Ehe" sein kann

Das Eherecht ist vom Gesetzgeber umfassend geregelt. Nahezu sämtliche Lebensbereiche werden abgedeckt, wenn auch nicht immer klagbare Rechte existieren.

Die nichteheliche Lebensgemeinschaft als solche ist aber im Gesetz nicht geregelt; lediglich Rechtsprechung und Literatur haben einige wenige Grundsätze herausgearbeitet. Auch neuere politische Tendenzen werden daran im Kern nicht viel ändern. Auf die nichteheliche Lebensgemeinschaft finden bisher nur die allgemeinen Vorschriften des BGB Anwendung, insbesondere die der Gesellschaft bürgerlichen Rechts. Die allgemeinen Vorschriften des BGB sind jedoch für das Zusammenleben zweier Menschen, die in erster Linie aus Liebe, persönlicher Zuneigung oder um des Zusammenlebens willen zusammenleben, ungeeignet, da bei den allgemeinen Vorschriften die wirtschaftlichen Interessen im Vordergrund stehen.

Die Vorschriften des ehelichen Güterrechts dagegen regeln sowohl die persönlichen Beziehungen als auch die wirtschaftlichen Interessen und versuchen vor allem einen gerechten Ausgleich beider herbeizuführen. Kein Vertrag über eine nichteheliche Lebensgemeinschaft kann diese umfassenden Regelungen ersetzen. Zum einen ist dies nach dem deutschen Privatrecht nicht möglich und zum anderen könnte sich dies wohl kaum jemand leisten, da ein solcher Vertrag so umfassend wie ein Buch wäre.

Das Eherecht des BGB kann vertraglich auf die individuellen Bedürfnisse zugeschnitten werden, soweit ein Bedarf besteht. Für die nicht regelungsbedürftigen Bereiche oder diejenigen, an die man zunächst nicht gedacht hat bzw. nicht denken konnte, gilt dann automatisch das Gesetz.

Warum einen Ehevertrag schließen?

Wenn die Partnerschaft scheitert

Kommt es zum Scheitern, muss eine nichteheliche Lebensgemeinschaft nicht geschieden werden. Die Partner sind insbesondere sofort und immer rechtlich frei, eine neue Beziehung einzugehen. Aber auch die Auflösung einer nichtehelichen Lebensgemeinschaft sollte unter wirtschaftlichen Gesichtspunkten nicht unterschätzt werden.

So kann eine Scheidung vor den Familiengerichten gerade auf der Grundlage eines Ehevertrages unter Umständen schneller sein als beispielsweise der Streit anlässlich der Wohnung einer nichtehelichen Lebensgemeinschaft vor den Mietgerichten.

Wie ein Ehevertrag geschlossen wird

Grundsätzlich herrscht auch im Eherecht – wie generell im deutschen Privatrecht – Vertragsfreiheit. Auch ist grundsätzlich Formfreiheit gegeben. Den Kern eines Ehevertrages wird aber regelmäßig die güterrechtliche Regelung bilden und gemäß § 1410 BGB ist insoweit notarielle Beurkundung erforderlich. Eine Vereinbarung über den Unterhalt bedarf vor Rechtskraft der Scheidung seit der Unterhaltsrechtsreform vom 1.1.2008 gleichfalls der notariellen Beurkundung. Ebenso wird der Ehevertrag häufig eine beurkundungsbedürftige erbrechtliche Regelung enthalten oder es werden gar gesellschaftsrechtliche Vereinbarungen getroffen. Darüber hinaus kann eine Eintragung in das Güterrechtsregister, welches von den Amtsgerichten geführt wird, erforderlich werden.

Der Gang zum Notar ist unvermeidbar. Zusätzlich sollte ein Ehevertrag von einem Rechtsanwalt unter besonderer Berücksichtigung der Interessen beider Parteien ausgearbeitet werden, der dann dem Notar zur Beurkundung vorgelegt wird.

Wie ein Ehevertrag geschlossen wird

Die Materie ist zu komplex, als dass ein Laie selbst einen Ehevertrag entwerfen und sodann dem Notar zur Beurkundung vorlegen könnte. Selbstverständlich verfügen auch Notare über die entsprechende Kenntnis zur Fertigung eines Ehevertrages. Aber es ist als Beurkundungsorgan nicht Aufgabe des Notars, auf die speziellen Interessen der vertragsschließenden Parteien einzugehen. Der Notar wird in erster Linie nur beurkunden und aufklären. Die Musterverträge sollen Ihnen ein Bild davon verschaffen, wie Ihr Ehevertrag korrekt formuliert aussehen könnte.

Was in Ihrem Ehevertrag stehen könnte
Mit Muster-Formulierungen

2

Die Rollenverteilung in der Ehe 19

Der Ehename 19

Der Unterhalt 19

Das Güterrecht 20

Die Vermögensverwaltung 20

Firma, Unternehmen,
Unternehmensbeteiligung 21

Die Alterssicherung 21

Der Versorgungsausgleich 21

Steuerrechtlich relevante Regelungen . . 21

Rechtswahlvereinbarung
bei Ehe mit Ausländern 22

Erbrechtliche Verfügungen 22

Die Haushaltsführung, Berufstätigkeit
und Kinderbetreuung 23

Der Wohnort 25

„Die ehelichen Pflichten" 26

Checkliste: Regelungen im Ehevertrag . 27

Die Rollenverteilung in der Ehe

Dies ist der Regelungsbereich des ehelichen Zusammenlebens, d. h. die Rollenverteilung zwischen Ihnen und Ihrem Ehepartner:

- Wer welche Aufgaben in der ehelichen Gemeinschaft wahrnimmt
- Ob die Ehe als Doppelverdienerehe, Hausfrauenehe, Hausmannehe oder in einer Mischform geführt wird
- Regelungen darüber, wer zum Arbeiten gehen darf oder muss
- Wer den Haushalt führt und die Kinder betreut

Der Ehename

- Soll der Name der Frau oder des Mannes als Ehename gewählt werden?
- Ist ein Doppelname sinnvoll?
- Welcher Name steht an erster Stelle bei einem Doppelnamen?
- Können beide Ehegatten verschiedene Namen haben?
- Wie heißen dann die Kinder?

Der Unterhalt

- Wer bezahlt in welcher Form Unterhalt?
- Was zählt alles zum Unterhalt?
- Wie hoch darf oder muss der Unterhalt sein?
- Gibt es Haushalts- oder Taschengeld?

Inhalte im Ehevertrag

- Wie sieht es mit dem Unterhalt nach einer Scheidung aus?
- Kann Unterhalt ausgeschlossen werden?
- Welche Unterhaltsansprüche haben die Kinder?

Das Güterrecht

Die zentrale Vorschrift des Ehevertrages wird die güterrechtliche Regelung bilden, also Vereinbarungen darüber, wem das Haus, die Aktien, der Schmuck und das Bankguthaben gehören; ob und inwieweit der eine Ehepartner für die Schulden des anderen haftet.

Das Gesetz gibt insoweit drei Güterstände vor. Zum einen den gesetzlichen Güterstand der Zugewinngemeinschaft, der automatisch gilt, wenn ehevertraglich nicht wirksam etwas anderes vereinbart ist. Ferner die Gütergemeinschaft und die Gütertrennung. Diese drei Typen von Güterständen sind zwar vom Gesetzgeber wahlweise vorgegeben, können aber durch Ehevertrag in gewisser Weise aufgeweicht bzw. gemischt werden.

Die Vermögensverwaltung

Von einer güterrechtlichen Regelung zu unterscheiden ist die Frage danach, wie das Vermögen angelegt werden soll. So können Sie sich beispielsweise gegenseitig verpflichten, Sparguthaben für den gemeinsamen Hausbau zu verwenden oder dass generell gewisse Beträge des Einkommens zur Ansammlung von Vermögen verwendet werden müssen.

Firma, Unternehmen, Unternehmensbeteiligung

Es muss auch geklärt werden, inwieweit ein Ehegatte in die Firma, das Unternehmen oder die Unternehmensbeteiligung des anderen involviert ist bzw. sein darf. Hier sind vor allem auch die Belange der Firma bzw. des Unternehmens zu berücksichtigen.

Die Alterssicherung

Besonders bedeutsam für den nicht berufstätigen Teil ist eine Regelung über die Alterssicherung: Sollen für diesen Rentenbeiträge bezahlt werden? Bei welchem Versorgungsträger? Oder ist es besser, eine Lebensversicherung abzuschließen? Wie sieht es im Falle einer Scheidung mit den Beitragszahlungen aus?

Der Versorgungsausgleich

Der Versorgungsausgleich betrifft ebenfalls die Frage nach der Alterssicherung. Es handelt sich dabei um ein vom Gesetzgeber detailliert geregeltes Institut zum Ausschluss von Nachteilen bei der Altersversorgung im Falle einer Scheidung. Regelungen sind insoweit auch und gerade bei jungen Ehen oft sinnvoll.

Steuerrechtlich relevante Regelungen

Insbesondere im Unterhalts- und Güterrecht gibt es zahlreiche Möglichkeiten, wie sich Ehegatten auf legalem Wege große Steuervorteile verschaffen können. Auch wenn – was in der Bevölkerung aber verbreitete Meinung ist – die Eheschließung an sich nicht zwingend Steuervorteile bringen muss, wird dies in den meisten Fällen aber so sein.

Wichtig: Die wenigsten Steuervorteile treten aber automatisch ein. Für viele reichen zwar Anträge an das Finanzamt, andere bedürfen jedoch eines eigenen Steuersparmodelles, wofür im Ehevertrag durch entsprechende Regelungen der Grundstein gesetzt werden muss.

Rechtswahlvereinbarung bei Ehe mit Ausländern

Für Ehen mit Auslandsbezug, wenn also einer oder beide Ehegatten Ausländer sind, sollte – wenn möglich – eine Rechtswahlvereinbarung getroffen werden. Denn ist eine Auslandsberührung gegeben, kann sein, dass kraft Gesetzes das ausländische Recht zur Anwendung kommt, also nicht deutsches, was unter Umständen nicht gewollt ist. Ebenso kann es sein, dass kraft Gesetzes deutsches Recht Anwendung findet, die Ehegatten aber das Recht des ausländischen Staates wählen wollen. Auch dies ist unter Umständen möglich.

Erbrechtliche Verfügungen

Nicht mehr speziell dem Regelungsbereich eines Ehevertrages unterfallen Verfügungen von Todes wegen, also erbrechtliche Regelungen. Hier empfiehlt sich oft ein zusätzliches Vertragswerk. Existiert ein solches nicht oder wird ein solches aus welchen Gründen auch immer nicht verfasst, so ist es ratsam, weitere Regelungen in den Ehevertrag aufzunehmen, insbesondere wenn ein Todesfall Auswirkungen auf das Güterrecht haben kann.

> **Praxis-Tipp:**
> Nicht alle Positionen sind stets regelungsbedürftig. Es sollten nur die Bereiche geregelt werden, wo für Ihre Ehe ein Bedarf besteht. Und denken Sie daran, dass zu einem Vertragsschluss Ihr Partner seine Einverständniserklärung geben muss.

Die Haushaltsführung, Berufstätigkeit und Kinderbetreuung

Die Haushaltsführung, d. h. wer Einkaufen geht, kocht, wäscht usw. kann, aber sollte nicht in einem Ehevertrag bis ins Detail geregelt werden. Es genügt insoweit ein Satz, dass die Haushaltsführung der Frau oder dem Mann obliegt, bzw. untereinander aufgeteilt wird. Regelmäßig kann eine diesbezügliche Klausel ganz entfallen und ausreichend sein, dass die Ehegatten sich ohne Vertrag darüber verständigen.

Eine Regelung zur Berufstätigkeit sollte mit der über die Haushaltsführung verknüpft werden, z. B.:

Muster-Text

Beide Ehegatten gehen ihrer Berufstätigkeit nach und führen den Haushalt gemeinsam.

Oder:

Der Ehemann geht seiner Berufstätigkeit ganztägig nach, während die Ehefrau halbtags arbeitet und den Haushalt führt. Bei der Haushaltsführung wird sie vom Ehemann unterstützt.

Inhalte im Ehevertrag

Es kann dazu noch beispielsweise eine zeitliche Komponente oder ein Ereignis aufgenommen werden:

Muster-Text

Beide Ehegatten gehen ihrer Berufstätigkeit nach und führen den Haushalt gemeinsam. Geht der gemeinsame Kinderwunsch in Erfüllung, wird sich die Ehefrau für die ersten drei Lebensjahre des Kindes der Haushaltsführung und Kindererziehung widmen. Danach geht die Ehefrau wieder ihrer Berufstätigkeit nach und beide widmen sich dem Haushalt und der Kindererziehung gemeinsam.

Oder:

Danach nimmt die Ehefrau bis zum 14. Lebensjahr des Kindes eine Halbtagstätigkeit an und wird vom Ehemann bei Haushaltsführung und Kindererziehung unterstützt. Anschließend gehen beide Ehegatten ihrer Berufstätigkeit nach und führen den Haushalt gemeinsam.

Oder:

Die Ehefrau geht ihrer Berufstätigkeit nach. Der Ehemann führt während seines Studiums den Haushalt. Mit Eintritt des Ehemannes in das Berufsleben gehen beide Ehegatten ihrer Berufstätigkeit nach und führen den Haushalt gemeinsam.

Der Wohnort

Insbesondere die Berufstätigkeit eines Ehegatten kann einen Wechsel des Wohnortes erforderlich machen. Auch insoweit wird oft eine Regelung in den Ehevertrag aufgenommen werden, die dann beispielsweise so lauten könnte:

Muster-Text

```
Für den Fall, dass die Ehefrau eine Stelle als Chef-
ärztin an einem anderen Ort als dem derzeitigen
Wohnort erhalten sollte, werden die Ehegatten an
diesen Ort umziehen. Der Ehemann wird seine Anstel-
lung kündigen und sich an dem neuen Wohnort eine
Anstellung suchen, auch wenn er dabei Gefahr läuft,
arbeitslos zu werden.
```

Gerade das letzte Beispiel zeigt, dass die einzelnen Regelungsbereiche des ehelichen Zusammenlebens gut aufeinander abgestimmt werden müssen, damit nicht ein Ehegatte das Nachsehen hat. Die Bevorzugung der Karrieremöglichkeiten des einen Ehegatten und die Gefahr der Arbeitslosigkeit des anderen Ehegatten muss durch eine unterhaltsrechtliche Regelung entsprechend kompensiert werden. Auch im Güterrecht und beim Versorgungsausgleich darf eine Kompensation nicht vergessen werden. Dies gilt natürlich auch für die vorhergehenden Beispiele. Demjenigen, dem die Haushaltsführung und die Kindererziehung verstärkt obliegt, gehen Rentenansprüche verloren. Auch wird er kaum Vermögen anhäufen können und benötigt natürlich auch Geld für die Haushaltsführung und Kindererziehung. Bei den Regelungen zum Versorgungsausgleich, im Güterrecht und beim Unterhalt muss dies daher entsprechend berücksichtigt werden.

Inhalte im Ehevertrag

„Die ehelichen Pflichten"

Regelungen im Intimbereich wären zwar grundsätzlich möglich, aber dies ist eine Frage des Geschmacks. Zum anderen sind solche Regelungen auch sinnlos, weil diese nicht vollstreckbar wären. Wenn beispielsweise ein Paar unbedingt geregelt haben will, dass der eheliche Beischlaf mindestens zweimal im Monat vollzogen wird, aber einer der beiden sich daran dann nicht hält, wird der andere die staatlichen Organe nicht dazu bewegen können, dass die Regelung mit den Mitteln der Zwangsvollstreckung durchgesetzt wird.

Nichts einzuwenden ist dagegen, wenn der gemeinsame Kinderwunsch im Ehevertrag verankert wird. Dies hat natürlich dann in erster Linie deklaratorischen Charakter bzw. stellt ein Leitbild der Ehe dar.

> **Praxis-Tipp:**
>
> Gerade im Bereich des ehelichen Zusammenlebens könnte manch einer geradezu in einen Regelungseifer verfallen. Generell sollte man hier aber gänzlich auf Regelungen verzichten, denn überflüssige Regelungen kosten nicht nur Geld, sondern können mehr Streit provozieren, als solchen vermeiden.

Die ehelichen Pflichten

Checkliste: Regelungen im Ehevertrag

Das *soll* geregelt werden:

- Unterhalt
- Güterrecht
- Versorgungsausgleich
- Erbrecht

Das *kann* geregelt werden:

- Rollenverteilung
- Ehename
- Haushaltsführung
- Berufstätigkeit
- Vermögensverwaltung
- Alterssicherung
- Kinderbetreuung
- Wohnort
- Steuerrechtliche Regelungen
- Anwendbares Recht bei Ehe mit Ausländern
- „Eheliche Pflichten"

Wahl des Ehenamens

3

Das Namensrecht 30

Drei Fallbeispiele 31

Wahl des Ehenamens

Das Namensrecht

Der Gesetzgeber hat vor einigen Jahren die Gleichberechtigung und Liberalisierung im ehelichen Namensrecht durchgeführt. Zwar konnte auch zuvor schon der Geburtsname der Frau zum Ehenamen gewählt werden. Wurde aber keine Wahl getroffen, galt der Geburtsname des Mannes als Ehename. Dieser Automatismus ist durch die Liberalisierung weggefallen.

Auch nach der Gleichberechtigung sollen aber die Ehegatten einen gemeinsamen Ehenamen bzw. Familiennamen bestimmen. Dies kann nur der jeweilige Geburtsname sein. Nicht möglich ist es, den aus früherer Ehe erworbenen Namen als Ehenamen der neuen Ehe zu bestimmen.

Andererseits ist aber auch möglich, dass beide Ehegatten ihren Namen, den sie vor der Eheschließung führten, weiterführen, d. h. nicht nur den Geburtsnamen, sondern auch den aus früherer Ehe erworbenen. Dieser kann dann jedoch nicht Familienname werden.

Derjenige, dessen Geburtsname nicht Ehename wird, kann seinen Geburtsnamen oder den zum Zeitpunkt der Eheschließung geführten Namen hinten anstellen oder vorne dransetzen, also auch einen aus früherer Ehe erworbenen, aber nicht jeden (bei mehreren vorhergehenden), sondern nur den zuletzt geführten. Handelt es sich bei dem hinten anzustellenden Namen um einen Doppelnamen, so kann davon nur einer hinten angestellt oder vorne drangesetzt werden. Drei miteinander verknüpfte Namen sind also nicht möglich.

Folgende Beispiele verdeutlichen diese etwas verwirrende Namensregelung.

Drei Fallbeispiele

> **Beispiel 1:**
>
> Der Ehemann hat den Geburtsnamen Maier und die Ehefrau den Geburtsnamen Müller.

Herr und Frau Maier

Beide Ehegatten können den Geburtsnamen des Ehemannes wählen. Die Kinder heißen dann Maier.

Herr und Frau Müller

Beide Ehegatten können den Geburtsnamen der Ehefrau wählen. Die Kinder heißen dann Müller.

Frau Müller und Herr Müller-Maier

Die Ehegatten können beide den Geburtsnamen der Ehefrau als Ehenamen wählen und der Ehemann kann seinen Geburtsnamen hinten anstellen (oder vorne dransetzen). Die Kinder heißen dann Müller.

Herr Maier und Frau Maier-Müller

Ebenso kann natürlich umgekehrt der Geburtsname des Ehemannes als Ehenamen gewählt werden und die Ehefrau kann ihren Namen hinten anstellen (oder vorne dransetzen). Die Kinder heißen dann Maier.

Wahl des Ehenamens

Herr Maier und Frau Müller

Die Ehegatten können auch ihre jeweiligen Geburtsnamen weiterführen. Es muss aber wegen der Kinder ein gemeinsamer Familienname bestimmt werden. Dieser kann dann lauten Maier oder Müller.

> **Beispiel 2:**
>
> Der Ehemann hat den Geburtsnamen Maier und die Ehefrau den Geburtsnamen Müller. Der Ehemann heißt aus vorhergehender Ehe noch Schneider und ganz früher hieß er einmal aus einer Ehe Bauer.

Schneider oder Bauer kann nicht zum Familiennamen gewählt werden, nur Maier oder Müller. Der Ehemann kann bei Wahl des Namens Müller als Familiennamen entweder Maier hinten anhängen (oder vorne dransetzen) oder Schneider, nicht aber Bauer, da es sich bei dem Namen Bauer weder um den Geburtsnamen noch um den zum Zeitpunkt der Eheschließung geführten Namen des Ehemannes handelt.

> **Beispiel 3:**
>
> Die Ehefrau hat den Geburtsnamen Müller und aus früherer Ehe den Namen Schmid und führt zum Zeitpunkt der Eheschließung den Namen Müller-Schmid. Sie möchte anlässlich der Heirat mit Herrn Maier den Namen Maier-Müller-Schmid führen.

Das geht nicht, da ein Doppelname nicht hinten angehängt werden kann. Es ist nur möglich Frau Maier (Geburtsname des neuen Ehemannes), Frau Müller (eigener Geburtsname), Frau Maier-Müller oder Frau Maier-Schmid oder jeweils umgekehrt.

Praxis-Tipp:

- Die Identität einer Person ist mit deren Namen verbunden. Ein Namenswechsel bringt daher neben hohem Verwaltungsaufwand auch das Problem mit sich, dass eine Person für andere in gewisser Weise von der Bildfläche verschwindet. So kann beispielsweise ein unter seinem Namen bekannter Architekt nicht einfach seinen Namen wechseln. Hier kann es angebracht sein, gerade diesen Namen als Familiennamen zu wählen. Wenn die Ehefrau aber eine ebenso bekannte Rechtsanwältin ist, sollten natürlich beide Namen bestehen bleiben.

- Andererseits darf man bei der Namenswahl nicht die Kinder vergessen, die natürlich auch davon betroffen sind. Es ist also genau zu prüfen, welcher Name gewählt wird und ob nicht der vorübergehende Verwaltungsaufwand niedriger ist, als ein Leben lang mit mehreren Namen zu hantieren, was nicht immer ohne Verwechslungen ablaufen wird. Letztendlich ist aber die Namenswahl wohl eine Frage des individuellen Geschmacks.

So regeln Sie Ihren Unterhalt
Mit Muster-Formulierungen

4

Familienunterhalt 36

Haushaltsführungsehe, Doppelverdienerehe, Zuverdienerehe 36

Zuvielleistungen:
Rückforderung möglich? 37

Wenn der Ehepartner das Geld
„zum Fenster 'rauswirft" 38

Familienwohnung 40

Unterhaltsverzicht: Wann zulässig? 40

Kindesunterhalt 42

Kindesbetreuungsunterhalt 43

Bei Scheidung: Unterhaltszahlungen? .. 44

Checkliste: Unterhalt 45

Familienunterhalt

Die Ehegatten sind einander verpflichtet, durch ihre Arbeit und ihr Vermögen die Familie angemessen zu unterhalten (§ 1360 Satz 1 BGB).

Damit ist aber nicht gemeint, dass jeder Ehegatte das Gleiche leisten müsste oder beide einen gleich hohen Anteil an Geld zu tragen haben. Es wird von jedem nur das verlangt, was er zu leisten im Stande ist und natürlich auch nicht mehr, als der andere fordert. Auch besteht keine Verpflichtung zur Arbeit. Wenn der Unterhalt mit dem vorhandenen Vermögen bestritten werden kann, ist dies ausreichend. Ist einem Ehegatten die Haushaltsführung überlassen, so erfüllt er seine Verpflichtung in der Regel durch die Führung des Haushalts.

Haushaltsführungsehe, Doppelverdienerehe, Zuverdienerehe

Der Gesetzgeber hat auf ein eheliches Leitbild verzichtet. Dennoch prägen drei verschiedene Ehetypen das Bild unserer Gesellschaft. Zum einen die Haushaltsführungsehe oder die Alleinverdienerehe, zum anderen die Doppelverdienerehe und schließlich die Zuverdienerehe.

Haushaltsführungsehe

Bei der Haushaltsführungsehe bzw. Alleinverdienerehe führt ein Ehegatte (Frau oder Mann) den Haushalt und erfüllt damit vollständig seine Verpflichtung, zum Familienunterhalt beizutragen. Der andere geht arbeiten und muss durch die Arbeit den für die Familie erforderlichen Geldbedarf aufbringen. Der den Haushalt führende Teil erhält Haushaltsgeld und ein angemessenes Taschengeld für seine persönlichen Bedürfnisse. Im Interesse der Familie müssen beide ihre Kräfte so gut als möglich einsetzen. Tun sie dies nicht, kann auch auf deren Vermögen zurückgegriffen werden. Für den arbeitenden Teil ist auch Arbeit unter seinem Ausbildungsstand zumutbar, wenn sonst Geldeinbußen durch Arbeitslosigkeit drohen, die den Unterhalt der Familie gefährden.

Doppelverdienerehe

Bei der Doppelverdienerehe arbeiten beide. Es müssen aber nicht beide gleich viel Geld abgeben, sondern derjenige, der mehr verdient, bezahlt auch mehr. Die Haushaltsführung wird auf beide nach ihrer Belastung aufgeteilt. Derjenige, der länger arbeitet, hat naturgemäß auch weniger Pflichten im Haushalt.

Zuverdienerehe

In der Zuverdienerehe geht der Ehegatte, der den Haushalt führt, nur einer Teilzeitbeschäftigung nach. Damit es nicht zu einer Überbelastung kommt, muss der andere sich auch entsprechend an der Haushaltsführung beteiligen.

Wichtig: Einer dieser Ehetypen kann bei Bedarf ehevertraglich geregelt werden. Auch Mischformen sind möglich. Es handelt sich dabei um einen Teilbereich des ehelichen Zusammenlebens (siehe Seite 23 f.).

Zuvielleistungen: Rückforderung möglich?

Zuvielleistungen können nach dem Willen des Gesetzgebers nicht zurückgefordert werden. Wenn sich insoweit ein Ehegatte für den anderen besonders eingesetzt hat, z. B. weil der andere sein Studium beenden wollte, so besteht die Möglichkeit, ein Rückforderungsrecht des zu viel Geleisteten für den Fall der Scheidung zu vereinbaren. Für den Zeitraum während der Ehe ist dies aber nicht zulässig!

Wenn der Ehepartner das Geld „zum Fenster 'rauswirft"

Jeder Ehegatte ist berechtigt, Geschäfte zur angemessenen Deckung des Lebensbedarfs der Familie mit Wirkung auch für den anderen Ehegatten zu besorgen. Durch solche Geschäfte werden beide Ehegatten berechtigt und verpflichtet, es sei denn, dass sich aus den Umständen etwas anderes ergibt (§ 1357 Abs. 1 BGB, sogenannte „Schlüsselgewalt"). Das ist nicht ungefährlich, insbesondere dann, wenn einer der beiden Ehegatten nicht so gut mit Geld umgehen kann.

> **Beispiel:**
>
> Wenn ein Ehegatte gerne großzügige Feste feiert und entsprechend großzügig in Geschäften einkauft, so haftet für die in den Geschäften eingegangenen Verbindlichkeiten auch der andere Ehegatte.

Wie können Sie sich vor der „Schlüsselgewalt" schützen?

Unter die sogenannte „Schlüsselgewalt" fallen auch größere Geschäfte, wie der Kauf von Möbeln. Das kann dann wirklich ins Geld gehen. Der Gesetzgeber hat diese Gefahr gesehen und eine entsprechende Regelungsmöglichkeit zum Ausschluss der „Schlüsselgewalt" geschaffen. So hat ein Ehegatte die Möglichkeit, die Berechtigung des anderen Ehegatten, für ihn Geschäfte zu besorgen, zu beschränken oder auszuschließen.

Wenn der Ehepartner Geld verschwendet

Achtung: Dies kann allerdings unter Umständen nicht leicht sein. Denn wenn für die Beschränkung oder die Ausschließung kein ausreichender Grund besteht, muss das Vormundschaftsgericht auf Antrag des anderen Ehegatten die Beschränkung oder Ausschließung wieder aufheben. Dahinter steckt natürlich der Gedanke, dass der den Haushalt führende Ehegatte vom Arbeitenden nicht unnötig bevormundet wird.

Damit die Beschränkung oder der Ausschluss Dritten gegenüber Wirkung entfaltet, muss der Dritte die Beschränkung oder den Ausschluss kennen. Da dies aber selten der Fall sein wird, sollte die Beschränkung oder der Ausschluss in das Güterrechtsregister eingetragen werden. Dies hat dem Dritten gegenüber auch dann Wirkung, wenn dieser die Beschränkung oder den Ausschluss nicht kennt. Das Güterrechtsregister wird bei den Amtsgerichten geführt. Ein entsprechender Eintragungsantrag könnte beispielsweise wie folgt lauten:

Muster-Text

An das

Amtsgericht

– Güterrechtsregister –

....

Ich, die Ehefrau, schließe hiermit die Befugnis meines Ehemannes, gemäß § 1357 BGB Geschäfte mit Wirkung für mich zu besorgen, aus. Ich, der Ehemann, schließe hiermit ebenfalls die Befugnis meiner Ehefrau, solche Geschäfte für mich zu besorgen, aus. Wir beantragen, dies in das Güterrechtsregister einzutragen.

Heiratsurkunde wird vorgelegt.

Wichtig: Besonders gefährlich wäre die „Schlüsselgewalt" im Falle des Getrenntlebens. Dies hat auch der Gesetzgeber gesehen und deswegen die „Schlüsselgewalt" während des Getrenntlebens ausgeschlossen (§ 1357 Abs. 3 BGB).

Familienwohnung

Zum Familienunterhalt zählt auch die Familienwohnung. Diese wird von beiden Ehegatten geschuldet, d. h. beide sind zur Tragung der Miete und Nebenkosten verpflichtet. Regelmäßig werden beide Ehegatten im Mietvertrag als Mieter stehen. Denn dies ist insbesondere für den Vermieter günstiger, da er so zwei Personen hat, welche die Miete schulden.

Andererseits ist auch der nicht unterzeichnende Ehegatte kraft der ehelichen Lebensgemeinschaft in den Schutzbereich des Vertrages miteinbezogen. Kommt es zur Trennung, so sieht § 1361b BGB eine Zuweisungsnorm vor, um Härtefälle zu vermeiden. Der nicht unterzeichnende Ehegatte tritt bei Tod des anderen gemäß § 563 BGB in den Mietvertrag ein. Haben beide unterzeichnet, wird der Mietvertrag gemäß § 563a BGB mit dem Überlebenden fortgesetzt. Aufgrund der ausreichenden gesetzlichen Regelung erübrigt sich insoweit eine ehevertragliche Klausel.

Unterhaltsverzicht: Wann zulässig?

Der Familienunterhalt kann vertraglich nicht ausgeschlossen werden. Für den Fall einer Scheidung unterscheidet man den ehelichen Unterhalt, den Unterhalt während des Getrenntlebens und den nachehelichen Unterhalt.

Aufgrund bestehender Ehe können ehelicher Unterhalt und Unterhalt während des Getrenntlebens (der sich in der Art vom ehelichen

Unterhaltsverzicht

Unterhalt unterscheiden kann) nicht ausgeschlossen werden. Hinsichtlich des nachehelichen Unterhalts können die Ehegatten jedoch bereits während der Ehe auf nachehelichen Unterhalt verzichten.

Wichtig: Bei diesem Verzicht ist aber darauf zu achten, dass nicht ein Ehegatte sittenwidrig benachteiligt wird. So kann beispielsweise der Verzicht auf Unterhalt wegen Kindesbetreuung oder der Unterhaltsverzicht der Sekretärin, die dem Chefarzt sein Studium finanziert hat, grob unbillig sein, wenn nicht anders, z. B. über das Güterrecht, ein angemessener Ausgleich geschaffen wird.

Eine Vereinbarung über den Unterhalt bedarf vor Rechtskraft der Scheidung seit der Unterhaltsrechtsreform vom 1.1.2008 der notariellen Beurkundung. Ein Regelungsbeispiel für den Verzicht auf nachehelichen Unterhalt könnte wie folgt lauten:

Muster-Text

Auf nachehelichen Unterhalt wird gegenseitig verzichtet und dieser Verzicht wird gegenseitig angenommen. Dies gilt für jede Form des nachehelichen Unterhalts, auch für den in Fällen der Not.

Wir wurden vom Notar darüber aufgeklärt, dass aufgrund dieses Verzichts im Falle der Scheidung untereinander keinerlei Ansprüche auf Unterhalt nach der Scheidung bestehen, selbst dann, wenn ein Ehegatte nicht in der Lage ist, sich selbst zu unterhalten und auf fremde Hilfe angewiesen ist.

So regeln Sie Ihren Unterhalt

> **Praxis-Tipp:**
>
> Da der Unterhaltsverzicht für beide Ehepartner gleichermaßen wirkt, sollte jeder genau überlegen, ob eine solche Regelung auch wirklich seinen Interessen entspricht. So mag ein Unterhaltsverzicht für den älteren, aber besser verdienenden Ehegatten auf den ersten Blick vorteilhaft sein. Wenn er nun aber aufgrund einer Krankheit nicht mehr arbeiten kann, so wird schnell aus dem Reichen selbst ein Unterhaltsbedürftiger, der ohne den Unterhaltsverzicht einen Anspruch auf Unterhalt gegen den vielleicht nunmehr mitten in den besten Jahren des Berufslebens stehenden jüngeren Ehegatten gehabt hätte.

Kindesunterhalt

Auf den Kindesunterhalt kann nicht verzichtet werden – weder durch die Kinder noch durch die Eltern.

Die Unterhaltspflicht besteht jedoch nur gegenüber eigenen Abkömmlingen. Bringt der eine Partner ein Kind aus einer anderen Lebensgemeinschaft in die Ehe, so kann sowohl ein Interesse daran bestehen, dass der neue Partner zum Unterhalt gegenüber diesem in die Ehe mitgebrachten Kind vertraglich verpflichtet werden soll, als auch daran, dass diese für die Ehe eingegangene Verpflichtung im Falle einer Scheidung wieder aufgehoben wird.

Ein Regelungsbeispiel für den Kindesunterhalt könnte wie folgt lauten:

> **Muster-Text**
>
> ```
> Der Ehemann verpflichtet sich, für das von der Ehe-
> frau in die Ehe eingebrachte Kind Sarah, geb. am
> 18.5.1995, wie für ein leibliches Kind zu sorgen und
> ```

Unterhalt entsprechend wie für einen Verwandten gemäß § 1601 ff. BGB zu leisten. Diese Verpflichtung entfällt im Falle einer Scheidung der Ehe mit dem Tag der Rechtskraft des Scheidungsurteils.

Kindesbetreuungsunterhalt

Kann ein Ehegatte wegen der Betreuung eines gemeinsamen Kindes einer Erwerbstätigkeit nicht nachgehen, so hat er Anspruch auf Unterhalt wegen Betreuung des Kindes für mindestens drei Jahre nach der Geburt des Kindes. Die Dauer des Unterhaltsanspruches verlängert sich, solange und soweit diese der Billigkeit entspricht (§ 1570 BGB). In diesen Fällen wird ein Verzicht auf nachehelichen Unterhalt zumindest vorübergehend, d. h. solange Anspruch auf Unterhalt wegen Betreuung des Kindes besteht, unwirksam sein. Sind daher Kinder vorhanden bzw. werden Kinder erwartet oder gewünscht, empfiehlt sich für den Verzicht auf nachehelichen Unterhalt eine Regelung wie folgt:

Muster-Text

Auf nachehelichen Unterhalt wird gegenseitig verzichtet und dieser Verzicht wird gegenseitig angenommen. Dies gilt für jede Form des nachehelichen Unterhalts, auch für den in Fällen der Not, jedoch nicht für den Kindesbetreuungsunterhalt. Dieser richtet sich nach den gesetzlichen Bestimmungen (§ 1570 BGB).

So regeln Sie Ihren Unterhalt

Bei Scheidung: Unterhaltszahlungen?

Das Maß, d. h. der Umfang des nachehelichen Unterhalts bestimmt sich nach den ehelichen Lebensverhältnissen (§ 1578 Abs. 1 Satz 1 BGB). Die ehelichen Lebensverhältnisse können besonders gut und luxuriös sein.

Im Falle einer Scheidung wirkt sich dies auf die Höhe des nachehelichen Unterhalts aus. Die luxuriösen Lebensverhältnisse beruhen oft auf einem überdurchschnittlichen Einkommen eines Ehegatten. Nun kann selbstverständlich auch in diesen Fällen grundsätzlich der nacheheliche Unterhalt in ganzer Höhe ausgeschlossen werden.

Eingeschränkter Unterhalt: Wie?

Es kann aber auch ein Interesse daran bestehen, dem anderen Ehegatten zwar nach der Scheidung keinen Luxus mehr zu bieten, aber doch ein gewisses Mindestauskommen sichern zu wollen. Dies kann durch einen eingeschränkten Verzicht auf nachehelichen Unterhalt erfolgen:

Muster-Text

```
Beide Ehegatten vereinbaren den Verzicht eines Aufstockungsunterhalts und nehmen den Verzicht gegenseitig an.

Im Übrigen bleibt es bei dem nachehelichen Unterhalt mit der Maßgabe, dass sich der nacheheliche Unterhalt nach der beruflichen Stellung des unterhaltsberechtigten Ehegatten zum Zeitpunkt der Eheschließung richtet, soweit der sich daraus ergebende Unterhaltsanspruch niedriger ist.
```

Bei Scheidung: Unterhaltszahlungen?

Checkliste: Unterhalt

Das sollten Sie bedenken:

- Grundsatz: Verpflichtung beider Ehegatten zum Familienunterhalt
- Ehetyp: Haushaltsführungsehe, Doppelverdienerehe, Zuverdienerehe, Mischform
- Vorsicht: kein Rückforderungsrecht bei Zuvielleistungen
- Vorsicht: Geschäfte zur Deckung des Lebensbedarfs, Schlüsselgewalt
- Familienwohnung: vom Gesetzgeber weit umfassende Regelung
- Ist Verzicht auf den Unterhalt möglich?
- Kindesunterhalt
- Möglichkeiten eines Verzichts: Verzicht auf nachehelichen Unterhalt und eingeschränkter Verzicht auf nachehelichen Unterhalt
- Vorsicht: Kindesbetreuungsunterhalt
- Notarielle Beurkundung einer Unterhaltsvereinbarung vor Rechtskraft der Scheidung

Güterstände: Vor- und Nachteile

5

Das müssen Sie wissen 48

Zugewinngemeinschaft:
Was ist das? 49

So wird der Zugewinn berechnet 50

Wann die Zugewinngemeinschaft
endet 55

Gütertrennung: Besonderheiten 56

Gütergemeinschaft:
Wo der Haken liegt! 57

Checkliste: So wählen Sie
den richtigen Güterstand 60

Geplante Güterrechtsreform 60

Güterstände: Vor- und Nachteile

Das müssen Sie wissen

Unter Güterstand ist die vom Gesetzgeber vorgegebene Regelung der güterrechtlichen Verhältnisse der Ehegatten untereinander zu verstehen. Das Gesetz gibt drei Güterstände vor, die aber in der vorgegebenen Form nicht zwingend übernommen werden müssen, sondern durch Ehevertrag individuell abänderbar sind. Die Ehegatten können ihre güterrechtlichen Verhältnisse durch Ehevertrag regeln, insbesondere auch nach der Eingehung der Ehe den Güterstand aufheben oder ändern (§ 1408 BGB).

Die drei vorgegebenen Güterstände sind die Zugewinngemeinschaft, die Gütertrennung und die Gütergemeinschaft. Die Zugewinngemeinschaft ist der Güterstand, der dann gilt, wenn ehevertraglich nicht etwas anderes vereinbart ist.

Die Vorschriften zur Zugewinngemeinschaft und Gütergemeinschaft regeln die güterrechtlichen Verhältnisse jeweils sehr umfassend, aber, wie generell im Eherecht, nur standardisiert und nicht individuell.

Bei der Gütertrennung gibt es naturgemäß nicht so besonders viel zu regeln, weshalb auch das Gesetz dazu nicht viele Worte verliert.

> **Praxis-Tipp:**
> Ziel eines Ehevertrages soll sein, die Vorschriften der einzelnen Güterstände so zu kombinieren und mit weiteren, über die Güterstände hinausgehenden Vereinbarungen zu flankieren, dass die individuellen Interessen der Ehegatten ganz besondere Berücksichtigung finden.

Zugewinngemeinschaft: Was ist das?

Die Ehegatten leben im Güterstand der Zugewinngemeinschaft, wenn sie nicht durch Ehevertrag etwas anderes vereinbaren (§ 1363 Abs. 1 BGB).

Entgegen einer in der Bevölkerung weit verbreiteten Ansicht wird das Vermögen des Ehemannes und das Vermögen der Ehefrau nicht gemeinschaftliches Vermögen der Ehegatten. Und zwar gilt dies auch für Vermögen, das ein Ehegatte erst nach der Eheschließung erwirbt.

Das Wesentliche an der Zugewinngemeinschaft ist jedoch, dass der Zugewinn an Vermögen, den die Ehegatten während der Ehe erzielen, ausgeglichen wird, wenn die Zugewinngemeinschaft endet.

Wie wird das Vermögen verwaltet

Das Vermögen jedes Ehegatten wird von diesem grundsätzlich selbstständig verwaltet. Hiervon ausgenommen sind nur Verfügungen über das Vermögen im Ganzen und über Haushaltsgegenstände.

Vermögen im Ganzen

Über sein Vermögen im Ganzen zu verfügen kann sich ein Ehegatte nur mit Einwilligung des anderen Ehegatten verpflichten. Hat ein Ehegatte sich ohne Zustimmung des anderen Ehegatten verpflichtet, über sein Vermögen im Ganzen zu verfügen, kann er diese Verpflichtung nur erfüllen, wenn der andere Ehegatte doch noch einwilligt. Handelt es sich um ein Geschäft, welches einer ordnungsgemäßen Verwaltung entspricht, kann die verweigerte Einwilligung aber durch das Vormundschaftsgericht ersetzt werden. Mit Vermögen im Ganzen ist nicht wirklich das gesamte Vermögen gemeint. So kann beispielsweise der Hausverkauf eine Verfügung über das Vermögen im Ganzen darstellen, wenn noch ein Pkw verbleibt.

Güterstände: Vor- und Nachteile

Haushaltsgegenstände

Über Haushaltsgegenstände darf ebenfalls nicht ohne Zustimmung des anderen Ehegatten verfügt werden. Verweigert der andere Ehegatte jedoch die Zustimmung ohne ausreichenden Grund oder ist er wegen Krankheit verhindert, kann die Zustimmung durch das Vormundschaftsgericht ersetzt werden.

Haushaltsgegenstände, die, weil sie alt oder wertlos geworden sind, ersetzt werden, fallen in das Eigentum des Ehegatten, dem die alt oder wertlos gewordenen Gegenstände gehört haben.

So wird der Zugewinn berechnet

Als Zugewinn bezeichnet man den Betrag, um den das Endvermögen eines Ehegatten das Anfangsvermögen übersteigt.

Eintritt des Güterstandes ist die Eheschließung oder eine auch danach erfolgende Vereinbarung der Zugewinngemeinschaft im Ehevertrag, wenn diese zuvor ausgeschlossen war.

Anfangsvermögen

Anfangsvermögen ist das Vermögen, welches einem Ehegatten nach Abzug der Verbindlichkeiten beim Eintritt des Güterstandes gehört.

Endvermögen

Endvermögen ist das Vermögen, welches einem Ehegatten nach Abzug der Verbindlichkeiten am Ende des Güterstandes gehört.

Mit Vermögen ist die Wertsumme aller Vermögensgegenstände abzüglich der Verbindlichkeiten gemeint.

So wird der Zugewinn berechnet

Beispiel 1:

- Die Ehefrau hat zu Beginn der Ehe ein Haus mit einem Verkehrswert in Höhe von 500 000,00 Euro. Dieses Haus ist mit Bankverbindlichkeiten in Höhe von 300 000,00 Euro belastet. Ferner hat die Ehefrau noch einen Pkw mit Zeitwert in Höhe von 30 000,00 Euro und ein Girokonto, welches mit 5000,00 Euro überzogen ist.

- Das Anfangsvermögen der Ehefrau beträgt 225 000,00 Euro. An positiven Vermögenswerten sind das Haus mit 500 000,00 Euro und der Pkw mit 30 000,00 Euro, d. h. 530 000,00 Euro vorhanden. Hiervon sind aber die negativen Posten in Höhe von 300 000,00 Euro und 5000,00 Euro, d. h. 305 000,00 Euro abzuziehen, was einen Betrag in Höhe von 225 000,00 Euro ergibt.

Beispiel 2:

Anfangsvermögen und Endvermögen müssen einfach nur saldiert werden.

- Der Ehemann hat ein Anfangsvermögen in Höhe von 0,00 Euro. Die Ehefrau hat ein Anfangsvermögen in Höhe von 10 000,00 Euro. Das Endvermögen beträgt beim Ehemann 100 000,00 Euro und bei der Ehefrau 200 000,00 Euro.

Die Ehefrau hat einen Zugewinn in Höhe von 190 000,00 Euro und der Ehemann in Höhe von 100 000,00 Euro.

Der Zugewinnausgleich

Übersteigt der Zugewinn des einen Ehegatten den Zugewinn des anderen, so steht die Hälfte des Überschusses dem anderen Ehegatten als Ausgleichsforderung zu (§ 1378 BGB).

Güterstände: Vor- und Nachteile

> **Beispiel:**
>
> - Die Ehefrau hat einen Zugewinn in Höhe von 190 000,00 Euro und der Ehemann in Höhe von 100 000,00 Euro.
> - Damit übersteigt der Zugewinn der Ehefrau den Zugewinn des Ehemannes um 90 000,00 Euro. Die Hälfte dieses Überschusses steht dem Ehemann gegen die Ehefrau als Zugewinnausgleichsanspruch zu, d. h. 45 000,00 Euro.

Wichtig: Hinsichtlich des Ausgleichs erwirbt ein Ehegatte, der den niedrigeren oder gar keinen Zugewinn hatte, eine Ausgleichsforderung, d. h. einen Anspruch, der mit Eintritt der Beendigung des Güterstandes vererbbar und übertragbar ist. Dieser Anspruch verjährt in drei Jahren ab dem Zeitpunkt, in dem der Ehegatte erfährt, dass der Güterstand beendet ist, spätestens jedoch in dreißig Jahren nach Beendigung des Güterstandes.

Die Schuldenvereinbarung

Die Verbindlichkeiten können beim Anfangsvermögen nur bis zur Höhe des Vermögens abgezogen werden. Wenn dabei die Verbindlichkeiten höher sind als das Vermögen, würde sich eigentlich ein negatives Vermögen ergeben. Dies ist aber nach den gesetzlichen Vorschriften ausgeschlossen. Ehevertraglich kann hingegen vereinbart werden, dass auch ein negatives Vermögen in Ansatz kommt.

> **Praxis-Tipp:**
>
> Wenn ein Ehegatte größere Schulden hat, ist zu empfehlen, ein entsprechendes negatives Vermögen zu vereinbaren, da sonst der verschuldete Ehegatte während der Ehe seine Schulden abtragen kann und zusätzlich noch am Zugewinn des anderen Ehegatten teilnimmt.

So wird der Zugewinn berechnet

Beispiel:

- Die Ehefrau hat Anfangsvermögen in Höhe von 100 000,00 Euro und der Ehemann in Höhe von 500 000,00 Euro Schulden. Während der Ehe erwirtschaften sowohl Ehefrau als auch Ehemann 500 000,00 Euro.

- Der Ehemann hat am Ende des Güterstandes nur ein Vermögen in Höhe von 0,00 Euro, da er seine Schulden abbezahlen musste. Die Ehefrau hat ein Vermögen in Höhe von 600 000,00 Euro (100 000,00 Euro + 500 000,00 Euro). Da aber nach den gesetzlichen Vorschriften ein negatives Anfangsvermögen nicht zulässig ist, beträgt auch der Zugewinn des Ehemannes nur 0,00 Euro, wohingegen der der Ehefrau 500 000,00 Euro beträgt. Der Ehemann hätte demnach gegen die Ehefrau einen Zugewinnausgleichsanspruch in Höhe der Hälfte des Zugewinns, d. h. in Höhe von 250 000,00 Euro. Von den gemeinsam erwirtschafteten 1 000 000,00 Euro hätte damit der Ehemann 750 000,00 Euro für sich beansprucht und die Ehefrau nur 250 000,00 Euro.

Es empfiehlt sich daher im Fall der Ehe mit einem verschuldeten Ehegatten bei Beibehaltung der Zugewinngemeinschaft eine Regelung beispielsweise wie folgt:

Muster-Text

Es verbleibt bei dem gesetzlichen Güterstand der Zugewinngemeinschaft.

Die Ehefrau verfügt über ein Sparguthaben in Höhe von 10 000,00 Euro. Deren Anfangsvermögen wird daher mit 10 000,00 Euro angesetzt. Der Ehemann ist vermögenslos und hat Schulden in Höhe von insgesamt 300 000,00 Euro. Dessen Anfangsvermögen wird daher auf minus 300 000,00 Euro festgesetzt.

Güterstände: Vor- und Nachteile

> **Praxis-Tipp:**
> Wenn Sie während des Güterstandes eine Erbschaft machen oder mit Rücksicht auf ein künftiges Erbrecht, durch Schenkung oder als Ausstattung Vermögen erwerben, so wird dies nach Abzug der Verbindlichkeiten dem Anfangsvermögen hinzugerechnet. An diesen Erwerbstatbeständen wird also Ihr Ehegatte im Rahmen des Zugewinnausgleichs nicht profitieren. Denn alles, was dem Anfangsvermögen hinzugerechnet wird, kann den Zugewinn nicht erhöhen. Den Zugewinn erhöhend wirken sich nur Vermögensmassen aus, die dem Endvermögen hinzuzurechnen sind.

Welche Vermögenswerte zum Endvermögen gezählt werden

Grundsätzlich ist „Endvermögen" das Vermögen, welches einem Ehegatten nach Abzug der Verbindlichkeiten am Ende des Güterstandes gehört. Einige Vermögenswerte sind dem Endvermögen jedoch hinzuzurechnen, obwohl sie nicht mehr im Vermögen vorhanden sind. Ausschlaggebend für diese Regelung ist, dass nicht ein Ehegatte durch zu missbilligendes Verhalten sein Endvermögen einfach vermindern kann, nur um dadurch den anderen Ehegatten – aus welchen Gründen auch immer – um seinen Zugewinn zu bringen.

Das sogenannte Endvermögen wird um den Betrag erhöht, um den es deshalb vermindert ist, weil der Ehegatte Zuwendungen gemacht hat, mit denen er nicht seiner sittlichen Pflicht nachgekommen ist bzw. mit denen er nicht dem Anstand entsprochen hat.

Das Endvermögen wird ferner um den Betrag erhöht, um den der Ehegatte sein Vermögen verschwendet hat. Schließlich wird das Endvermögen um den Betrag erhöht, um den es gemindert wurde, weil der Ehegatte Handlungen vorgenommen hat, in der Absicht, den anderen Ehegatten zu benachteiligen.

Wichtig: Diese fiktive Erhöhung des Endvermögens findet nicht statt, wenn eine Vermögensminderung mindestens zehn Jahre vor Beendigung des Güterstandes eingetreten ist oder wenn der andere Ehegatte mit der unentgeltlichen Zuwendung oder Verschwendung einverstanden ist.

Wertsteigerung und -minderung von Vermögenswerten

Da die einzelnen Vermögensgegenstände wie Geld, Grundbesitz, Schmuck usw. einer Wertsteigerung bzw. Wertminderung unterliegen, ist auch die Wertermittlung von Anfangs- und Endvermögen von Bedeutung.

Bei der Berechnung des Anfangsvermögens wird der Wert zugrunde gelegt, den das beim Eintritt des Güterstandes vorhandene Vermögen zu diesem Zeitpunkt hatte. Dieser Wert wird mit den Lebenshaltungskosten indexiert. Der Berechnung des Endvermögens wird der Wert zugrunde gelegt, den das bei Beendigung des Güterstandes vorhandene Vermögen zu diesem Zeitpunkt hatte. Das Gleiche gilt für die von den jeweiligen Vermögensmassen abzuziehenden Verbindlichkeiten.

Wann die Zugewinngemeinschaft endet

Der Güterstand der Zugewinngemeinschaft endet mit dem Tod eines der Ehegatten.

Der Güterstand endet aber natürlich auch im Fall der Scheidung. Genauer Beendigungszeitpunkt ist im Fall der Scheidung nicht das Scheidungsurteil, sondern bereits die Rechtshängigkeit des Scheidungsantrags. Dies deswegen, damit nicht ein Ehegatte während des oft langwierigen Scheidungsverfahrens Vermögensgegenstände beiseite schafft und dadurch den anderen benachteiligt.

Wenn sich die Ehegatten getrennt haben, so kann jeder von ihnen nach drei Jahren des Getrenntlebens auf Zugewinnausgleich klagen. Ebenso kann ein Ehegatte u. a. auf vorzeitigen Zugewinnaus-

Güterstände: Vor- und Nachteile

gleich klagen, wenn der andere Ehegatte längere Zeit hindurch die wirtschaftlichen Verpflichtungen, die sich aus dem ehelichen Verhältnis ergeben, schuldhaft nicht erfüllt hat und anzunehmen ist, dass er sie auch in Zukunft nicht erfüllen wird, oder wenn der andere Ehegatte sich ohne ausreichenden Grund beharrlich weigert, ihn über den Bestand seines Vermögens zu unterrichten. Als Beendigungszeitpunkt gilt in diesen Fällen der Zeitpunkt, in dem die Klage auf vorzeitigen Ausgleich erhoben ist.

Gütertrennung: Besonderheiten

Die Gütertrennung tritt anders als die Zugewinngemeinschaft nicht automatisch ein, sondern muss ehevertraglich vereinbart werden. Wird allerdings ehevertraglich die Zugewinngemeinschaft ausgeschlossen, so gilt im Zweifel automatisch Gütertrennung. Die Gütertrennung hat zur Folge, dass sich die Ehegatten in güterrechtlicher Hinsicht wie Unverheiratete gegenüberstehen.

Das ideale Pendant zur nichtehelichen Lebensgemeinschaft ist daher in güterrechtlicher Hinsicht für all diejenigen, die sich nicht oder noch nicht so stark binden wollen, die Gütertrennung. Die Vermögensmassen der Ehefrau und des Ehemannes sind völlig getrennt voneinander. Das Vermögen wird grundsätzlich von jedem alleine verwaltet, es sei denn, der andere wird dazu ausdrücklich ermächtigt.

Der jeweils andere Ehegatte hat grundsätzlich kein Mitspracherecht und keinerlei Einflussmöglichkeit hinsichtlich des Vermögens des anderen Ehegatten. Anderes gilt nur bezüglich der gemeinsamen Gegenstände, die im Zusammenhang mit der ehelichen Lebensgemeinschaft erforderlich sind, wie dem Hausrat und der Ehewohnung.

Für all diejenigen, die ihr Vermögen lieber ganz für sich behalten und dieses vor allem auch selbst und frei verwalten wollen, empfiehlt sich daher eine Regelung wie folgt:

Gütergemeinschaft

> **Muster-Text**
>
> Unter Ausschluss des gesetzlichen Güterstandes der Zugewinngemeinschaft wird Gütertrennung vereinbart.
>
> Die Gütertrennung muss nicht für die gesamte Ehezeit gelten. Insbesondere weil beispielsweise bei Erfüllung des gemeinsamen Kinderwunsches das Zusammenleben auch in wirtschaftlicher Hinsicht vertieft werden soll, kann die Gütertrennung auch auflösend bedingt durch ein Ereignis vereinbart werden, z. B. Erfüllung des Kinderwunsches.
>
> Eine auflösende Vereinbarung der Gütertrennung könnte beispielsweise wie folgt aussehen:
>
> Unter Ausschluss des gesetzlichen Güterstandes der Zugewinngemeinschaft wird Gütertrennung vereinbart. Diese Vereinbarung steht unter der auflösenden Bedingung, dass einer der beiden Ehegatten seine Berufstätigkeit wegen der Geburt eines gemeinsamen Kindes aufgibt oder diese nicht mehr in vollem Umfang ausübt. Mit dem Tag der Geburt des Kindes gilt dann der gesetzliche Güterstand der Zugewinngemeinschaft. Das bis zum Ablauf des Tages der Aufgabe oder der Einschränkung der Berufstätigkeit jeweils erworbene Vermögen ist dann jeweils als Anfangsvermögen anzusetzen.

Gütergemeinschaft: Wo der Haken liegt!

Das Gesamtgut

Auch die Gütergemeinschaft muss ehevertraglich vereinbart werden. Durch Vereinbarung der Gütergemeinschaft werden das Vermögen der Ehefrau und das Vermögen des Ehemannes zu gemeinschaftlichem Vermögen beider Ehegatten, auch Gesamtgut genannt. Dazu zählt auch das Vermögen, welches die Ehegatten

Güterstände: Vor- und Nachteile

jeweils während der Ehe dazuerwerben. Vor allem aber ist für eine Wahl dieses Güterstandes von Bedeutung, dass das zum Zeitpunkt der Eheschließung jeweils vorhandene Vermögen zum gemeinschaftlichen Vermögen wird. Das Gesamtgut wird in der Regel von einem der Ehegatten verwaltet. Möglich ist aber auch die gemeinschaftliche Verwaltung.

Das Sondergut

Sondergut sind Gegenstände, die nicht durch Rechtsgeschäft übertragen werden können. Das Sondergut wird von jedem Ehegatten selbstständig verwaltet, aber er verwaltet es für Rechnung des Gesamtguts. Unter das Sondergut fallen beispielsweise unpfändbare Forderungen, der Anteil an einer OHG, der Anteil an einer KG als persönlich haftender Gesellschafter, der noch nicht anerkannte oder noch nicht rechtshängige Schmerzensgeldanspruch usw.

Das Vorbehaltsgut

Vorbehaltsgut sind Gegenstände, die durch Ehevertrag zum Vorbehaltsgut eines Ehegatten erklärt sind; ferner Gegenstände, die ein Ehegatte von Todes wegen erwirbt oder die ihm von einem Dritten unentgeltlich zugewendet werden, wenn der Erblasser oder der Dritte bei der Zuwendung durch letztwillige Verfügung bestimmt hat, dass der Erwerb Vorbehaltsgut sein soll; und schließlich Gegenstände, die im Vorbehaltsgut enthalten waren, zerstört wurden oder untergegangen sind und anschließend wieder ersetzt wurden.

Das Sondergut kann anders als das Vorbehaltsgut ehevertraglich nicht vereinbart werden. Sowohl beim Sondergut als auch beim Vorbehaltsgut fällt das Vermögen nicht in das Gesamtgut. Dies hat zur Folge, dass der jeweilige Ehegatte Eigentümer des Sonder-

Gütergemeinschaft

gutes bzw. Vorbehaltsgutes bleibt und dies selbstständig verwaltet. Das Sondergut wird jedoch für Rechnung des Gesamtgutes verwaltet, während das Vorbehaltsgut für eigene Rechnung verwaltet wird.

> **Praxis-Tipp:**
>
> Da das Vorbehaltsgut ehevertraglich vereinbart werden kann, ist hier der Ansatzpunkt, den überhaupt nicht mehr zeitgemäßen Güterstand der Gütergemeinschaft auf gegenwärtige Bedürfnisse zurechtzuschneidern. Generell ist von der Gütergemeinschaft jedoch abzuraten.

Dieser Güterstand birgt nicht nur zahlreiche praktische Durchführungsprobleme mit der Verwaltung des Gesamtgutes in sich, sondern führt regelmäßig zu einer einseitigen Vermögensverwaltung durch einen der Ehegatten, die den anderen in gewisser Weise bevormundet. Ferner, und das ist das Gefährliche an diesem Güterstand, haftet das Gesamtgut für sämtliche Schulden beider Ehegatten. Muss beispielsweise der selbstständige Ehegatte sein Geschäft aufgeben und vielleicht aufgrund seiner hohen Verschuldung die eidesstattliche Versicherung abgeben, so werden sich die Gläubiger anschließend oder manchmal sogar gleichzeitig auch an den anderen Ehegatten halten. Das Ergebnis ist dann oft so, dass beide Ehegatten die eidesstattliche Versicherung abgegeben haben und keiner mehr in der Lage ist, für die Familie ausreichend zu sorgen, weil beide von den Gläubigern verfolgt werden.

Güterstände: Vor- und Nachteile

> **Checkliste: So wählen Sie den richtigen Güterstand**
>
> Das müssen Sie beachten:
>
> - Grundsätzlich herrscht Vertragsfreiheit.
> - Was es für Güterstände gibt: Zugewinngemeinschaft, Gütertrennung, Gütergemeinschaft.
> - Kann es für Ihre Ehe bei dem gesetzlichen Güterstand der Zugewinngemeinschaft verbleiben? (Kein gemeinschaftliches Vermögen, Verwaltung des Vermögens, Zugewinn, Anfangsvermögen, Endvermögen, Ausgleichsforderung, Wertermittlung des Vermögens, Beendigungszeitpunkt)
> - Sollen die Vermögensmassen wie bei einer nichtehelichen Lebensgemeinschaft getrennt bleiben (Gütertrennung)?
> - Der gravierende Nachteil der Gütergemeinschaft bedeutet Gesamtgut (aber Sondergut und Vorbehaltsgut).

Geplante Güterrechtsreform

Die von der Bundesregierung geplante Güterrechtsreform betrifft den gesetzlichen Güterstand der Zugewinngemeinschaft. Die Reformpläne halten an dem bewährten Grundsatz fest, wonach die während der Ehe erworbenen Vermögenswerte zu gleichen Teilen auf die Ehepartner zu verteilen sind. Es soll jedoch in Zukunft besser verhindert werden, dass ein Ehepartner zu Lasten des Anderen Vermögenswerte beiseite schafft. Außerdem soll künftig berücksichtigt werden, wenn in der Ehe Schulden aus der vorehelichen Zeit getilgt werden.

Versorgungsausgleich und Alterssicherung 6

Was unter Versorgungsausgleich
zu verstehen ist 62

Ausschluss des Versorgungsausgleichs:
Wann? 64

Wie Sie Ihre Altersrente sichern 66

Versorgungsausgleich und Alterssicherung

Was unter Versorgungsausgleich zu verstehen ist

Der Versorgungsausgleich wurde vom Gesetzgeber, auf die klassische Hausfrauenehe zugeschnitten, eingeführt. Anhand dieser lässt sich der Versorgungsausgleich auch am besten erklären, obwohl die Vorschriften über den Versorgungsausgleich auch auf die anderen Ehetypen anwendbar sind und dann mehr oder weniger große Bedeutung haben.

Zugeschnitten sind die Vorschriften über den Versorgungsausgleich auf die Hausfrauenehe mit Kindern, welche nach 20-jähriger Dauer geschieden wird. Bei diesem Ehetyp hat die Ehefrau ausschließlich die Kinder aufgezogen und den Haushalt geführt, während der Ehemann durch seine Berufstätigkeit für den Familienunterhalt sorgte. Im Laufe der Ehe hat dann der Ehemann umfangreiche Beiträge in die Rentenversicherung einbezahlt und eine mehr oder weniger stattliche Rentenanwartschaft erworben. Die Ehefrau dagegen hat, da sie ja keiner Berufstätigkeit nachgehen konnte, während der Ehe keine Rentenanwartschaften erworben. Sie erhält später allenfalls eine geringe Rente wegen einer eventuell vorehelichen Berufstätigkeit oder einer ehelichen Nebentätigkeit bzw. der Kindererziehung. Dass die Ehefrau keine oder nur eine geringe Rente erhält, obwohl sie sich für die Familie durch die Kindererziehung und Haushaltsführung mindestens ebenso wie der Ehemann durch seine Berufstätigkeit einsetzte, wurde vom Gesetzgeber als ungerecht erkannt und daher in den Vorschriften über den Versorgungsausgleich versucht, diese Ungerechtigkeit zu beseitigen.

Die Vorschriften über den Versorgungsausgleich besagen, vereinfacht ausgedrückt, dass die Ehefrau von den Rentenanwartschaften, welche der Ehemann während der Ehe angesammelt hat, die Hälfte bekommt und zwar natürlich nicht in bar, sondern durch Überweisung auf das Rentenkonto der Ehefrau. Hat die Ehefrau während der Ehe selbst Rentenanwartschaften erworben, so erhält

Versorgungsausgleich: Was ist das?

sie die Hälfte der Differenz zwischen ihren Rentenanwartschaften und denen ihres Ehemannes.

Beispiel 1:

- Der Ehemann hat während der Ehe Rentenanwartschaften in Höhe von 1000,00 Euro erworben und die Ehefrau in Höhe von 0,00 Euro.
- Im Rahmen des Versorgungsausgleichs erhält die Ehefrau Rentenanwartschaften in Höhe von 500,00 Euro auf ihr zu errichtendes Rentenkonto überwiesen.

Beispiel 2:

- Der Ehemann hat während der Ehe Rentenanwartschaften in Höhe von 1000,00 Euro erworben und die Ehefrau in Höhe von 500,00 Euro.
- Im Rahmen des Versorgungsausgleichs erhält die Ehefrau Rentenanwartschaften in Höhe von 250,00 Euro überwiesen.
- Die Rentenanwartschaften des Ehemannes vermindern sich dann natürlich dementsprechend.

Der Versorgungsausgleich kann aber beispielsweise auch bei Doppelverdienerehen einen gerechten Ausgleich schaffen, wenn z. B. einer der beiden Ehegatten zur Förderung der Karriere des anderen Ehegatten seine eigenen Interessen zurückgeschraubt hat, beispielsweise, weil er eine ihm angebotene hoch dotierte Stelle ausgeschlagen hat, um an dem Ort zu arbeiten, wo der andere Ehegatte einer gegebenenfalls noch höher dotierten Tätigkeit nachging. In diesem Fall sind die Versorgungsanwartschaften des einen Ehegatten in erster Linie wegen des Verzichts des anderen Ehegatten höher. Hier einen Ausgleich zu schaffen, kann nur gerecht sein.

Versorgungsausgleich und Alterssicherung

Ausschluss des Versorgungsausgleichs: Wann?

Der Versorgungsausgleich ist nach dem Gesetz im Fall der Scheidung aber grundsätzlich stets durchzuführen und zwar auch in Fällen, wo dies nicht so besonders angebracht erscheint.

> **Beispiel:**
>
> Beide Ehegatten waren während der Ehe ganztägig berufstätig, und einer der beiden war einfach fleißiger und hat dadurch mehr verdient. Nach dem Gesetz kommt es dennoch grundsätzlich zum Versorgungsausgleich.

Nicht nur in solchen Fällen, sondern generell können die Ehegatten in einem Ehevertrag durch eine ausdrückliche Vereinbarung den Versorgungsausgleich ausschließen (§ 1408 Abs. 2 Satz 1 BGB).

Ausnahme: Der Ausschluss ist aber unwirksam, wenn innerhalb eines Jahres nach Vertragsschluss Antrag auf Scheidung der Ehe gestellt wird (§ 1408 Abs. 2 Satz 1 BGB). Damit sollen die Fälle ausgeschlossen bzw. vermindert werden, in denen ein Ehegatte den anderen zum ehevertraglichen Ausschluss des Versorgungsausgleichs überreden will und insgeheim dabei schon an die Scheidung denkt. Die Ehegatten können zwar auch im Zusammenhang mit der Scheidung eine Vereinbarung über den Versorgungsausgleich treffen, diese bedarf jedoch der Genehmigung des Familiengerichts.

Wichtig: Über den Umstand, dass der Ausschluss des Versorgungsausgleichs unwirksam ist, wenn innerhalb eines Jahres nach Vertragsschluss Antrag auf Ehescheidung gestellt wird, muss der Notar aufklären.

Eine ehevertragliche Vereinbarung über den Ausschluss des Versorgungsausgleichs könnte wie folgt lauten:

Ausschluss des Versorgungsausgleichs

Muster-Text

Der Versorgungsausgleich wird ausgeschlossen.

Vom Notar wurden wir darüber aufgeklärt, dass der Gesetzgeber im Falle der Ehescheidung eigentlich den Ausgleich der während der Ehezeit erworbenen Versorgungsanwartschaften vorsieht und hiermit dieser Ausgleich ausgeschlossen wird. Ferner wurden wir darüber belehrt, dass der Ausschluss des Versorgungsausgleichs hinfällig ist, wenn innerhalb eines Jahres Antrag auf Ehescheidung gestellt wird.

Der bedingte Ausschluss des Versorgungsausgleichs

Wollen Sie bei Abschluss des Ehevertrages Ihre ehelichen Lebensverhältnisse umfassend regeln und zwar auch mit Blick in die Zukunft, wissen Sie aber nicht genau, welche Ereignisse noch eintreten werden, ob beispielsweise der gemeinsame Kinderwunsch in Erfüllung gehen wird oder nicht, so können Sie den Ausschluss des Versorgungsausgleichs auch an eine Bedingung knüpfen. Beispielsweise, dass der Ausschluss nur bis zur Geburt eines gemeinsamen Kindes gelte und danach die Ehefrau an den hinzuerworbenen Versorgungsanwartschaften des Ehemannes teilhaben soll, weil sie wegen der Kindererziehung nunmehr keine entsprechenden Versorgungsanwartschaften erwerben kann. Ein bedingter Ausschluss könnte beispielsweise wie folgt lauten:

Muster-Text

Der Versorgungsausgleich wird ausgeschlossen.

Vom Notar wurden wir darüber aufgeklärt, dass der Gesetzgeber im Falle der Ehescheidung eigentlich den Ausgleich der während der Ehezeit erworbenen Versorgungsanwartschaften vorsieht und hiermit

Versorgungsausgleich und Alterssicherung

dieser Ausgleich ausgeschlossen wird. Ferner wurden wir darüber belehrt, dass der Ausschluss des Versorgungsausgleichs hinfällig ist, wenn innerhalb eines Jahres Antrag auf Ehescheidung gestellt wird.

Für den Fall, dass ein gemeinsames Kind geboren wird und ein Ehegatte wegen der Betreuung des Kindes seine Berufstätigkeit aufgibt oder nicht mehr vollumfänglich ausführt, ist der Ausschluss des Versorgungsausgleichs mit dem Tag der Geburt unwirksam und es gelten die gesetzlichen Bestimmungen, berechnet ab dem Stichtag der Geburt.

[handschriftliche Notiz: + Auslands-Job od. "Köhler - Variante"]

Wie Sie Ihre Altersrente sichern

Der Ausschluss des Versorgungsausgleichs kann beispielsweise auch an die Bedingung geknüpft werden, dass der andere, besser verdienende Ehegatte einen Ersatz durch Abschluss eines Vertrages über eine private Lebensversicherung mit Rentenwahlrecht zugunsten des verzichtenden Ehegatten leistet und die Beiträge dafür bezahlt.

Eine ehevertragliche Vereinbarung, dass der Versorgungsausgleich nur unter der Bedingung ausgeschlossen wird, dass der besser verdienende Ehegatte eine ersatzweise Alterssicherung für den letztlich verzichtenden Ehegatten schafft, könnte wie folgt aussehen:

Muster-Text

Der Versorgungsausgleich wird ausgeschlossen.

Vom Notar wurden wir darüber aufgeklärt, dass der Gesetzgeber im Falle der Ehescheidung eigentlich den Ausgleich der während der Ehezeit erworbenen Versorgungsanwartschaften vorsieht und hiermit dieser Ausgleich ausgeschlossen wird. Ferner wurden

Wie Sie Ihre Altersrente sichern

wir darüber belehrt, dass der Ausschluss des Versorgungsausgleichs hinfällig ist, wenn innerhalb eines Jahres Antrag auf Ehescheidung gestellt wird.

Der Versorgungsausgleich ist jedoch nur wirksam ausgeschlossen, wenn der Ehemann auf den Namen der Ehefrau mit Wirkung ab dem Datum der Eheschließung eine dynamische Kapitallebensversicherung mit Rentenwahlrecht auf das gesetzliche Rentenalter zum Zeitpunkt der Eheschließung abgeschlossen und die Beiträge hierfür regelmäßig bezahlt hat.

Im Fall der Scheidung kann der Ehemann mindestens die Hälfte der noch bis zum Rentenalter der Ehefrau zu entrichtenden Jahresbeiträge oder mindestens die Hälfte der Beiträge, die bisher zu entrichten waren, sofern diese niedriger sind als eine einmalige Abfindung, bezahlen, mit der Folge, dass dann keine weiteren Zahlungen mehr im Zusammenhang mit der Alterssicherung zu leisten sind.

Alterssicherung in der Haushaltsführungsehe

Die Sicherung der Altersrente ist für beide Ehegatten natürlich gleichermaßen wichtig. Bei dem Ehetyp Haushaltsführungsehe können Sie es ruhigen Gewissens bei den gesetzlichen Vorschriften über den Versorgungsausgleich belassen. Es besteht allerdings hier insbesondere die Gefahr, dass im Fall einer Scheidung und nach durchgeführtem Versorgungsausgleich die Rentenanwartschaften für beide Ehegatten nicht mehr ausreichen. Es müsste also darüber nachgedacht werden, ob nicht für beide Ehegatten eine private Zusatzversicherung abgeschlossen wird. Oder, was regelmäßig pragmatischer erscheint, dass der Versorgungsausgleich unter der Bedingung ausgeschlossen wird, dass für den den Haushalt führenden Ehegatten eine private Altersversorgung geschaffen und aufrechterhalten wird.

Versorgungsausgleich und Alterssicherung

Alterssicherung in der Zuverdienerehe

Gleiches gilt für den Ehetyp der Zuverdienerehe, wo ein Ehegatte voll berufstätig ist, während der andere Ehegatte den Haushalt führt und zusätzlich einer Teilzeitbeschäftigung nachgeht. Auch hier empfiehlt sich regelmäßig ein Ausschluss des Versorgungsausgleichs unter der Bedingung, dass die bei dem teilzeitbeschäftigten Ehegatten entstehende Versorgungslücke durch Abschluss und Bezahlung einer privaten Altersversorgung geschlossen wird.

Alterssicherung in der Doppelverdienerehe

Bei der Doppelverdienerehe empfiehlt sich regelmäßig der bedingungslose Ausschluss des Versorgungsausgleichs, es sei denn, einer der beiden Ehegatten soll in Zukunft einmal seine Berufstätigkeit aufgeben. Dann sollte der Ausschluss wiederum nur bedingt erfolgen.

> **Praxis-Tipp:**
>
> In allen Fällen muss unbedingt daran gedacht werden, dass die Altersversorgung nicht erst im Alter geregelt wird. Gerade umgekehrt sparen Sie viel Geld, wenn Sie sich um Ihre Alterssicherung möglichst früh in jungen Jahren kümmern. Denn jeder einbezahlte Euro ist ein Jahr früher mehr wert, d. h. dieser wird jeweils mit einem höheren Faktor berücksichtigt als ein Lebensjahr später. Ab einem gewissen Alter kann es dann für eine sinnvolle Alterssicherung überhaupt zu spät sein!

Alternative: Immobilienbesitz als solide Altersvorsorge

Neben öffentlich-rechtlichen Versorgungsträgern oder dem Abschluss privater Versicherungen bestehen selbstverständlich weitere Möglichkeiten der Alterssicherung, von denen aber lediglich noch der Immobilienbesitz als solide Grundlage genannt werden soll. So

Wie Sie Ihre Altersrente sichern

kann ein Ehegatte dem anderen natürlich auch, anstatt einen Lebensversicherungsvertrag abzuschließen, durch die Übertragung einer Immobilie eine Alterssicherung verschaffen.

Wichtig: Gerade in diesen Fällen ist dann aber Vorsicht hinsichtlich der güterrechtlichen Regelung geboten. Denn die Immobilie fällt unter Umständen auch in den Zugewinnausgleich. Gleiches gilt übrigens auch für reine Kapitallebensversicherungen ohne Rentenwahlrecht. Es darf beispielsweise nicht der Fall eintreten, dass der Versorgungsausgleich ausgeschlossen wurde, weil für den haushaltsführenden Ehegatten eine reine Kapitallebensversicherung abgeschlossen wurde und dann im Fall der Scheidung dieser keinen Versorgungsausgleich erhält sowie im Rahmen des Zugewinnausgleichs dem anderen Ehegatten die Hälfte der Kapitallebensversicherung wieder zurückübertragen muss.

Wie Sie Ihr Vermögen erfolgreich verwalten

7

So sichern Sie die Existenz
Ihrer Familie 72

Vorsicht bei Kreditvertrag
und Bürgschaft 73

Firmengründung:
Wie Sie das Risiko vermindern 73

So sichern Sie die Existenz Ihrer Familie

Oft wird von Ehegatten die Möglichkeit, ihr Vermögen unter Ausnutzung der ehelichen Lebensgemeinschaft für beide Beteiligten günstig anzulegen, versäumt oder zu spät ergriffen.

Dabei liegt die Möglichkeit einer günstigen Vermögensanlage für Ehegatten neben gemeinsamen Steuersparmodellen und der Tatsache, dass mehr Geld auch leichter vermehrt werden kann vor allem auch darin, dass die Existenz der Familie durch eine geschickte Verteilung des Vermögens vor dem Zugriff von Gläubigern besonders gut geschützt werden kann. Wobei gleich vorauszuschicken ist, dass es sich hier um ein äußerst schwieriges Gebiet handelt und es ganz besonders auf die Details des Einzelfalles ankommt. Die Hinweise können daher nur zu Ideenreichtum anregen.

Kein Vermögen bei nur einem Ehegatten anhäufen

Ganz wichtig ist, dass das Vermögen nicht bei einem Ehegatten geballt wird. Denn kommt dieser in Bedrängnis, so zieht er sogleich die ganze Familie mit sich. Hat der eine Ehegatte also besonders viele Vermögenswerte und der andere so gut wie keine, so sollten auf den anderen welche übertragen werden.

Damit „der Schuss im Fall einer Scheidung für den übertragenden Ehegatten nicht nach hinten losgeht", sollte natürlich ehevertraglich eine korrespondierende Regelung auf entsprechende Rückübertragung für den Fall der Scheidung getroffen werden, wobei man dabei selbstverständlich die Wirkung der güterrechtlichen Vorschriften beachten muss.

Den Vermögensstamm nicht belasten

Ist einer der Ehegatten selbstständig und der andere angestellt, so sollte der Vermögensstamm, wie das gemeinsame Haus, eventuell auf den angestellten Ehegatten übertragen werden. Denn der selbstständig Tätige ist regelmäßig der größeren Gefahr eines Bankrotts ausgesetzt als der Angestellte. Der Selbstständige sollte in der Regel – wenn möglich – den Vermögensstamm auch nicht beleihen oder sonst wie belasten.

Vorsicht bei Kreditvertrag und Bürgschaft

Besonders beim Abschluss von Kreditverträgen sollte darauf geachtet werden, dass diesen jeweils nur ein Ehegatte unterschreibt, sofern natürlich die Bank mitspielt. Häufig wird die Bank einen Kredit nur vergeben, wenn sich der andere Ehegatte für die Rückzahlung verbürgt. Dies wird aber grundsätzlich wirtschaftlich ebenso gefährliche Auswirkungen haben, als wenn er den Kreditvertrag mitunterschrieben hätte.

Firmengründung: Wie Sie das Risiko vermindern

Gesellschaft bürgerlichen Rechts

Der Kardinalfehler, den Ehegatten oft begehen, ist, dass sie gemeinsam ein Geschäft als Gesellschaft bürgerlichen Rechts eröffnen und alle Verträge gemeinsam unterschreiben.

Dies freut in der Regel nur den Gläubiger, da er auf diese Weise zwei Schuldner erhält. Wenn schon aus Geldmangel oder sonstigen Gründen nur eine Gesellschaft bürgerlichen Rechts betrieben werden kann, so sollten wenigstens die großen Verträge, wie der über den Geschäftsraum, nur von einem der Ehegatten unterschrieben werden.

Vermögen erfolgreich verwalten

Gesellschaft mit beschränkter Haftung

Generell ist bei der Eröffnung eines Geschäfts die Form einer Gesellschaft mit beschränkter Haftung zu empfehlen, sofern die nicht unerheblichen Gründungskosten aufgebracht werden können.

Als Geschäftsführer sollte wegen des Haftungsrisikos grundsätzlich nur einer der Ehegatten bestellt werden. Die Gewinnverteilung ist dann im Gesellschaftsvertrag entsprechend den Gesellschaftsanteilen zu regeln.

> **Praxis-Tipp:**
>
> Im Ehevertrag ist in der güterrechtlichen Klausel darauf zu achten, dass ein unter Umständen höherer Einsatz eines Ehegatten oder ein niedrigerer Gewinnanteil des anderen Ehegatten bedacht wird.

Wie Sie sich vor dem Fiskus schützen

8

Einkommensteuer 76

Erbschaft- und Schenkungsteuer 76

Rechtsgeschäfte unter Ehegatten:
Mit Vorsicht zu genießen! 77

Wie Sie sich vor dem Fiskus schützen

Einkommensteuer

Die beste Möglichkeit, sich vor dem Fiskus zu schützen, bietet bereits die Eheschließung selbst. Der Gesetzgeber sieht einige Steuervergünstigungen vor, welche für unverheiratete Paare nicht gelten.

Für die Einkommensteuer können die Ehegatten zwischen mehreren Veranlagungsmöglichkeiten wählen. Bei unterschiedlich hohen Einkommen oder in Haushaltsführungsehen ist die Zusammenveranlagung zu empfehlen. Denn dabei werden beide Einkommen zusammengerechnet, und es kommt der Splittingtarif zur Anwendung.

Der Splittingtarif führt grob vereinfacht ausgedrückt dazu, dass der besser verdienende Ehegatte mit einem niedrigeren Einkommen und damit in einer niedrigeren Progressionsstufe besteuert wird. Das Einkommen des schlechter Verdienenden wird zwar höher bewertet, aber dennoch in einer Progressionsstufe, die niedriger ist, als sich der besser Verdienende im Verhältnis bei getrennter Veranlagung befinden würde.

Die Zusammenveranlagung kommt automatisch zur Anwendung, wenn die Ehegatten keinen Antrag auf getrennte Veranlagung stellen. Im Jahr der Eheschließung besteht noch die Möglichkeit, die besondere Veranlagung zu beantragen.

Erbschaft- und Schenkungsteuer

Weitere Vergünstigungen ergeben sich aus der Erbschaft- und Schenkungsteuer durch die Freibeträge; für Ehegatten: persönlicher Freibetrag 307 000,00 Euro, Versorgungsfreibetrag 256 000,00 Euro.

Abgezogen werden die Freibeträge vom Steuerwert des erworbenen Vermögens, welcher häufiger niedriger ist als der Verkehrswert, sodass auch dadurch dem Steuerschuldner ein Vorteil entstehen kann.

Dieser Vorteil wird allerdings durch die geplante Erbschaftsteuerreform abgeschafft, wobei dann wiederum der persönliche Freibetrag des Ehegatten auf 500 000,00 Euro angehoben werden soll.

Rechtsgeschäfte unter Ehegatten: Mit Vorsicht zu genießen!

Bei steuerlich relevanten Rechtsgeschäften unter Ehegatten gilt ein strenger Maßstab. Diese müssen, damit die jeweilige Steuervergünstigung zum Tragen kommt, wie unter Fremden gestaltet sein, wofür jedoch ein objektiver Maßstab gilt. So z. B. bei Arbeitsverträgen, regelmäßiger Bezahlung eines unter Fremden üblichen Gehalts, Urlaubsanspruch.

Praxis-Tipp:

- Unterschätzen Sie die Problematik von steuerbegünstigten Rechtsgeschäften unter Ehegatten nicht. Insoweit kann eine lockere Handhabung zwar einige Jahre gut gehen. Kommt es dann aber einmal zu einer Betriebsprüfung, ist es mit der lockeren Handhabung vorbei und eine u. U. gewaltige Nachzahlung fällig.

- Schließlich müssen Sie daran denken, dass ein objektiver Maßstab gilt. Wenn Sie also gegenüber den anderen, fremden Mitarbeitern verhältnismäßig locker sind und beispielsweise einen mündlichen Arbeitsvertrag gelten lassen, dürfen Sie das wegen der Gefahr steuerlicher Nichtanerkennung bei Ihrem Ehegatten nicht sein.

Die Ehe mit einem Ausländer/einer Ausländerin

9

Keine Flucht vor dem Heimatrecht! 80

Welcher Güterstand wählbar ist 82

Vier Fallbeispiele: Rechtswahl für die „allgemeinen Wirkungen" der Ehe 83

Die Ehe mit einem Ausländer/einer Ausländerin

Keine Flucht vor dem Heimatrecht!

Eine Rechtswahl in der Form, dass pauschal das gesamte deutsche Recht oder das ausländische Recht gewählt wird, ist nicht möglich. Aus deutscher Sicht ist eine Rechtswahl nur hinsichtlich des Güterstandes und in besonderen Fällen hinsichtlich der allgemeinen Wirkungen der Ehe möglich.

Hinzu kommt, dass das Recht des ausländischen Staates die Sache wieder ganz anders sehen kann. Andererseits ist der Begriff der allgemeinen Wirkungen der Ehe sehr weit gefasst. Davon ausgenommen sind nur die güterrechtlichen Beziehungen, für die wiederum ja eine eigene Rechtswahl möglich ist, und die Scheidungsfolge- und Kindschaftssachen, die allerdings besonders große Bedeutung haben.

Das Recht des ausländischen Staates kommt nicht zur Anwendung, soweit es dem deutschen Recht in sittlich unbilliger Weise widerspricht.

Ehen mit Auslandsberührung kommen in mehreren Spielarten vor. Einmal ist es der deutsche Staatsangehörige, der eine Ausländerin heiratet oder umgekehrt. Dann sind es zwei Ausländer gleicher Staatsangehörigkeit, die in Deutschland leben, sowie zwei Ausländer verschiedener Staatsangehörigkeit, die in Deutschland leben.

Rechtswahl bei deutsch/ausländischer Ehe

Das deutsch/ausländische Ehepaar wird ein Interesse daran haben, insbesondere zum Zwecke der Rechtsklarheit deutsches Recht zu wählen. Ebenso kann aber der ausländische Ehegatte seinem Kulturkreis so verbunden sein, dass er das Recht seines Staates wählen möchte.

Keine Flucht vor dem Heimatrecht!

Rechtswahl bei zwei Ausländern gleicher Staatsangehörigkeit

Bei zwei Ausländern gleicher Staatsangehörigkeit, auf deren Ehe grundsätzlich das Recht des ausländischen Staates anwendbar ist, kann die Tatsache, dass diese nunmehr in Deutschland leben und sich der deutschen Kultur anpassen wollen, Motiv für eine Rechtswahl sein. Schließlich ist eine Scheidung vor den deutschen Gerichten nach ausländischem Recht regelmäßig nicht nur schwieriger, sondern aufgrund u. U. notwendiger Rechtsgutachten und Übersetzungen auch teurer.

Nicht zuletzt kann das ausländische Ehepaar in Deutschland bereits geboren und aufgewachsen sein, sodass die ausländische Staatsangehörigkeit nur eine Formalität ist. Aber auch auf die Ehen von Ausländern der zweiten oder gar dritten Generation ist grundsätzlich das Recht des ausländischen Staates anwendbar.

Rechtswahl bei gemischt ausländischen Ehen

Bei gemischt ausländischen Ehen wird die Wahl auf das vereinende deutsche Recht fallen, zumal sie in Deutschland leben.

Die Ehe mit einem Ausländer/einer Ausländerin

Welcher Güterstand wählbar ist

Die Ehegatten können für die güterrechtlichen Wirkungen der Ehe wählen

- das Recht des Staates, dem einer von ihnen angehört
- das Recht des Staates, in dem einer von ihnen seinen gewöhnlichen Aufenthalt hat
- für unbewegliches Vermögen das Recht des Lageortes des Vermögens (Art. 15 Abs. 2 EGBGB)

Wichtig: Die Rechtswahl muss notariell beurkundet werden. Wird sie nicht im Inland vorgenommen, so genügt es, wenn sie den Formerfordernissen für einen Ehevertrag nach dem gewählten Recht oder am Ort der Rechtswahl entspricht (Art. 15 Abs. 3, Art. 14 Abs. 4 EGBGB).

Eine Rechtswahlklausel in Ihrem Ehevertrag könnte wie folgt lauten:

Muster-Text

```
Auf die güterrechtlichen Wirkungen der Ehe ist
deutsches Recht anwendbar mit Ausnahme eines
Grundstückes des Ehemannes in Spanien, Barce-
lona, ..., für welches spanisches Recht anwend-
bar sein soll. Soweit deutsches Recht gewählt
wurde, kommt der gesetzliche Güterstand der Zu-
gewinngemeinschaft zur Anwendung. Der Notar hat
über die Wirkungen der Zugewinngemeinschaft auf-
geklärt und darauf hingewiesen, dass offen ist, ob
und wie weit das Heimatrecht diese Rechtswahl
anerkennt.
```

Vier Fallbeispiele: Rechtswahl für die „allgemeinen Wirkungen" der Ehe

Die Möglichkeit einer Rechtswahl für die allgemeinen Wirkungen der Ehe ist ohne vertiefte Fachkenntnisse auf dem Gebiet des internationalen Privatrechts nur schwierig zu verstehen. Das Verständnis wird leichter, wenn man weiß, dass der Gesetzgeber insoweit eine Rechtswahl nur ausnahmsweise zulässt. Eigentlich soll nach dem Willen des Gesetzgebers zwingend für die allgemeinen ehelichen Wirkungen das Heimatrecht sein, mit dem beide Ehegatten am engsten verknüpft sind. Das ist zunächst die gemeinsame Staatsangehörigkeit oder zumindest eine frühere gemeinsame Staatsangehörigkeit während der Ehe, wenn einer der Ehegatten diesem Staat noch angehört.

Für die allgemeinen Wirkungen der Ehe ist eine Rechtswahl möglich, wenn ein Ehegatte mehreren Staaten und der andere Ehegatte einem dieser Staaten angehört. In diesem Fall kann aber nur das Recht des Staates gewählt werden, dem auch der andere Ehegatte angehört.

Beispiel 1:

- Marialuisa Flori hat die italienische und die französische Staatsangehörigkeit. Eric Chapon hat die französische Staatsangehörigkeit und die Staatsangehörigkeit der USA. Beide leben in Deutschland und wollen heiraten. – Eine Rechtswahl ist möglich. Es kann aber nur französisches Recht gewählt werden.

Beispiel 2:

- Marialuisa Flori gibt die italienische Staatsangehörigkeit auf. – Eine Rechtswahl ist nicht möglich. Kraft Gesetzes ist französisches Recht anwendbar.

Die Ehe mit einem Ausländer/einer Ausländerin

Beispiel 3:

- Marialuisa Flori gibt die französische Staatsangehörigkeit auf. – Eine Rechtswahl ist ebenfalls nicht möglich. Es ist kraft Gesetzes deutsches Recht anwendbar.

Ehegatten können ferner für die allgemeinen Wirkungen der Ehe das Recht des Staates wählen, dem einer der Ehegatten angehört, wenn die Ehegatten keine gemeinsame Staatsangehörigkeit haben oder während der Ehe eine gemeinsame Staatsangehörigkeit zuletzt hatten, wenn keiner der Ehegatten mehr diesem Staat angehört

und

– kein Ehegatte dem Staat angehört, in dem beide Ehegatten ihren gewöhnlichen Aufenthalt haben

oder

– die Ehegatten ihren gewöhnlichen Aufenthalt in demselben Staat haben.

Beispiel 4:

- Marialuisa Flori ist Italienerin und Eric Chapon ist Franzose. Marialuisa Flori lebt in Deutschland, Eric Chapon lebt in Frankreich. – Eine Rechtswahl ist möglich. Es kann italienisches oder französisches Recht gewählt werden, nicht aber deutsches.

Rechtswahl für die „allgemeinen Wirkungen" der Ehe

Wichtig: Auch die Wahl des Rechts für die allgemeinen Ehewirkungen muss notariell beurkundet werden. Wird sie nicht im Inland vorgenommen, so genügt es, wenn sie den Formerfordernissen für einen Ehevertrag nach dem gewählten Recht oder am Ort der Rechtswahl entspricht (Art. 14 Abs. 4 EGBGB).

Eine Rechtswahlklausel des Rechts, welches auf die allgemeinen Wirkungen der Ehe anwendbar sein soll, könnte wie folgt lauten:

Muster-Text

```
Auf die allgemeinen Wirkungen der Ehe ist deutsches
Recht anwendbar. Der Notar hat über die deutschen
Vorschriften über die allgemeinen Wirkungen der Ehe
aufgeklärt und darauf hingewiesen, dass offen ist,
ob und wie weit das Heimatrecht diese Rechtswahl
anerkennt.
```

Was tun, wenn einer von beiden stirbt?

10

Ehe-Erbvertrag 88

Gesetzliche Erbfolge 88

Erbfolge bei Zugewinngemeinschaft ... 88

Erbfolge bei Gütertrennung 89

Wenn einer von beiden stirbt

Ehe-Erbvertrag

Nicht zwingend in einem Ehevertrag müssen erbrechtliche Regelungen getroffen werden. Beim Abschluss eines Ehevertrages sollten jedoch auch Gedanken über die erbrechtlichen Konsequenzen der Ehe verloren werden.

Sinnvollerweise werden auch sogleich erbrechtliche Regelungen in den Ehevertrag mit aufgenommen. Das spart zudem Kosten. Sollten diese aber größeren Umfang haben, empfiehlt sich ein vom Ehevertrag getrenntes Regelwerk, welches aber im Zusammenhang mit dem Ehevertrag abgeschlossen wird. Vorliegend soll nur auf im Zusammenhang mit einem Ehevertrag bedeutsame und schwerpunktmäßig ausgewählte erbrechtliche Vorschriften eingegangen werden.

Hinweis: Auf die Skizzierung der insoweit schwierigen Problematik bei der auch in der Praxis nur noch selten vorkommenden Gütergemeinschaft wurde gänzlich verzichtet.

Gesetzliche Erbfolge

Grundsätzlich ist der überlebende Ehegatte des Erblassers erbberechtigt. Neben den Kindern ist er jedoch nach der gesetzlichen Erbfolge nur zu einem Viertel erbberechtigt und neben den Eltern bzw. den Geschwistern des Erblassers oder den Großeltern zur Hälfte.

Erbfolge bei Zugewinngemeinschaft

Bei der Zugewinngemeinschaft erhöht sich aber durch den Zugewinnausgleich die Erbschaft um ein weiteres Viertel. Darauf, ob im Einzelfall ein Zugewinn erzielt wurde, kommt es dabei nicht an.

Anders ist es, wenn der Ehegatte von der Erbfolge testamentarisch ausgeschlossen wurde und auch kein Vermächtnis erhält. In diesem Fall erfolgt der ganz normale Zugewinnausgleich, mit der Folge, dass insoweit kein Anspruch besteht, wenn der verstorbene Ehegatte keinen Zugewinn erzielt hat.

Erbfolge bei Gütertrennung

Bei Gütertrennung verbleibt es, wenn drei oder mehr Kinder vorhanden sind, nach der gesetzlichen Erbfolge bei einem Viertel der Erbschaft. Ist nur ein Kind vorhanden, erhält der Ehegatte die Hälfte und bei zwei Kindern ein Drittel.

Eine in den Ehevertrag aufgenommene testamentarische Einsetzung als Alleinerbe könnte wie folgt lauten:

Muster-Text

```
Wir setzen uns gegenseitig zu alleinigen und unbe-
schränkten Erben ein.
```

Sollen dadurch beispielsweise die zukünftigen Kinder nicht benachteiligt werden, könnte die testamentarische Einsetzung der Ehegatten als Alleinerben unter einer Bedingung erfolgen:

Muster-Text

```
Für den Fall, dass einer von uns vor dem anderen
verstirbt, setzen wir uns gegenseitig zu alleinigen
und unbeschränkten Erben ein. Mit der Geburt eines
gemeinsamen Kindes gilt das gesetzliche Erbrecht.
```

Fünf Muster-Eheverträge

11

Doppelverdienerehe ohne Kinder:
„double income and no kids" 92

Doppelverdienerehe mit Kinderwunsch:
„double income but kids" 94

Jung heiratet Alt, Arm heiratet Reich .. 97

Eheschließung trotz
hoch verschuldeten Partners 100

Ehevertrag mit einem/r Ausländer/in:
„Ehe in zwei Schritten" 103

Muster-Eheverträge

Doppelverdienerehe ohne Kinder: „double income and no kids"

Diese moderne Form des Zusammenlebens ist dadurch geprägt, dass beide Partner voll berufstätig sind, keine Kinder haben und deren Vermögen völlig getrennt voneinander sind.

Dies ist eine mittlerweile nicht mehr ganz so neue Form der Yuppie-Gesellschaft. Nicht zuletzt die Steuerersparnis steht hier im Vordergrund. Es wird dabei so gut wie alles ausgeschlossen, was auszuschließen ist.

Wichtig: Diese Form des Ehevertrages ist nicht ganz ungefährlich. In jungen Jahren abgeschlossen, ändern sich die Vorstellungen vom Leben oft gravierend. Es kommen dann doch Kinder hinzu, und der Ehevertrag ist damit völlig überholt. Zum einen muss dies aber nicht so sein, und zum anderen kann bei geänderter Interessenlage selbstverständlich ein neuer Ehevertrag geschlossen oder der alte abgeändert werden, sodass bei entsprechender gegenwärtiger Interessenlage zu einer solchen Vertragsgestaltung geraten wird. Es sollte nur intensiv geprüft und mit dem Partner offen darüber gesprochen werden, ob die Interessenlage auch wirklich so ist.

Muster-Vertrag

```
Verhandelt am ......
Vor dem Notar Dr. Heindl in München sind heute
erschienen die Verlobten
Hans Bernauer, geb. am 21.8.1975, Hildesheimer
Straße 12, 80809 München
und
Patrizia Seidl, geb. am 18.4.1974, ebenda
Die Erschienenen beabsichtigen, in Kürze zu heiraten. Sie schließen für den Fall der Eheschließung
folgenden
```

Doppelverdienerehe ohne Kinder

Ehe- und Erbvertrag

§ 1 Güterrecht

Sollte es zu der Beendigung des Güterstandes durch Tod eines Ehegatten kommen, bleibt es bei der gesetzlichen Regelung des Zugewinnausgleichs durch Erbteilserhöhung oder der güterrechtlichen Lösung. Kommt es jedoch zur Beendigung des Güterstandes durch ein anderes Ereignis als den Tod eines Ehegatten, wird der Zugewinnausgleich ausgeschlossen, und zwar auch der vorzeitige Zugewinnausgleich bei Getrenntleben.

Ein mögliches Rückforderungsrecht von Zuwendungen eines Ehegatten an den anderen im Falle der Scheidung der Ehe wird ausgeschlossen. Die Ehe ist nicht Geschäftsgrundlage für solche Zuwendungen. Dies gilt jedoch nicht für den Fall, wenn eine Rückforderung bei Hingabe der Zuwendung ausdrücklich vorbehalten wurde.

§ 2 Nachehelicher Unterhalt

Auf nachehelichen Unterhalt wird gegenseitig verzichtet, und dieser Verzicht wird gegenseitig angenommen. Dies gilt für jede Form des nachehelichen Unterhalts, auch für den in Fällen der Not.

Wir wurden vom Notar darüber belehrt, dass aufgrund dieses Verzichts im Falle der Scheidung untereinander keinerlei Ansprüche auf Unterhalt nach der Scheidung bestehen, selbst dann nicht, wenn ein Ehegatte nicht in der Lage ist, sich selbst zu unterhalten, und auf fremde Hilfe angewiesen ist.

§ 3 Versorgungsausgleich

Der Versorgungsausgleich wird ausgeschlossen.

Vom Notar wurden wir darüber aufgeklärt, dass der Gesetzgeber im Falle der Ehescheidung eigentlich den Ausgleich der während der Ehezeit erworbenen Versorgungsanwartschaften vorsieht und hiermit dieser Ausgleich ausgeschlossen wird. Ferner wurden wir darüber belehrt, dass der Ausschluss des Versorgungsausgleichs hinfällig ist, wenn innerhalb eines Jahres Antrag auf Ehescheidung gestellt wird.

§ 4 Erbfall

Wir setzen uns gegenseitig zu alleinigen und unbeschränkten Erben ein.

§ 5 Salvatorische Klausel

Sollte eine dieser Bestimmungen unwirksam sein oder werden, so tritt an die Stelle der unwirksamen Bestimmung eine Regelung, die dem Interesse des Gesamtvertrages und dem Willen der Parteien zum Zeitpunkt des Vertragsschlusses am meisten entspricht. Ebenso werden etwa vorhandene oder auftretende Lücken im Geiste des Gesamtvertrages und dem Willen der Parteien zum Zeitpunkt des Vertragsausschlusses gefüllt.

(Vermerke des Notars)

Doppelverdienerehe mit Kinderwunsch: „double income but kids"

Dieser Ehetyp prägt wohl unsere Gesellschaft derzeit. Gemeint sind damit Paare mit etwa gleichem Bildungsstand, welche beide arbeiten, die sich aber Kinder wünschen oder dies jedenfalls nicht ausschließen wollen, wobei der die Kinder erziehende Teil so früh wie möglich wieder in das Berufsleben zurückkehren möchte.

Diesen Ehetyp hat der Gesetzgeber selbstverständlich mittlerweile erkannt und lässt diesen auch problemlos zu. Gerade aber für die besondere Interessenlage, nämlich zunächst beide berufstätig, dann einer vorübergehend nicht mehr, aber sodann allmählich wieder in das Berufsleben zurückkehrend, hält das Gesetz keine Spezialnormen bereit, die diesen Ehetyp automatisch regeln.

Doppelverdienerehe mit Kinderwunsch

Auch kann der Kinderwunsch nicht in Erfüllung gehen, und so wird aus einer Partnerschaft mit Kinderwunsch eine mehr zweckbezogene Lebensgemeinschaft, auf welche die gesetzlichen Regelungen der Zugewinngemeinschaft, Unterhalt und Versorgungsausgleich nicht so recht passen. Partner, die den Mut dazu haben, sollten daher in Bezug auf den Kinderwunsch den Ehevertrag mit Bedingungen hinsichtlich Güterrecht, Unterhalt und Versorgungsausgleich versehen.

Muster-Vertrag

Verhandelt am ......
Vor dem Notar Dr. Heindl in München
sind heute erschienen die Verlobten
Hans Bernauer, geb. am 21.8.1975, Hildesheimer Straße 12, 80809 München
und
Patrizia Seidl, geb. am 18.4.1974, ebenda

Die Erschienenen beabsichtigen, in Kürze zu heiraten. Sie schließen für den Fall der Eheschließung folgenden

Ehe- und Erbvertrag

§ 1 Güterrecht

Unter Ausschluss des gesetzlichen Güterstandes der Zugewinngemeinschaft wird Gütertrennung vereinbart.

Diese Vereinbarung steht unter der auflösenden Bedingung, dass einer der beiden Ehegatten seine Berufstätigkeit wegen der Geburt eines gemeinsamen Kindes aufgibt oder diese nicht mehr in vollem Umfang ausübt. Mit dem Tag der Geburt des Kindes gilt dann der gesetzliche Güterstand der Zugewinngemeinschaft. Das bis zum Ablauf des Tages der Aufgabe oder der Einschränkung der Berufstätigkeit jeweils erworbene Vermögen ist dann jeweils als Anfangsvermögen anzusetzen.

Muster-Eheverträge

§ 2 Nachehelicher Unterhalt

Auf nachehelichen Unterhalt wird gegenseitig verzichtet, und dieser Verzicht wird gegenseitig angenommen. Dies gilt für jede Form des nachehelichen Unterhalts, auch für den in Fällen der Not und den Kinderbetreuungsunterhalt.

Vom Notar wurden wir darüber aufgeklärt, dass aufgrund dieses Verzichts im Falle der Scheidung untereinander keinerlei Ansprüche auf Unterhalt nach der Scheidung bestehen, selbst dann nicht, wenn ein Ehegatte nicht in der Lage ist, sich selbst zu unterhalten, und auf fremde Hilfe angewiesen ist. Ferner, dass sich jedenfalls nach der gegenwärtigen Rechtslage unter Umständen der unterhaltspflichtige Ehegatte nicht auf den Unterhaltsverzicht berufen kann, vor allem für die Zeit, für die der andere Ehegatte das gemeinsame Kind betreut.

Für den Fall, dass ein gemeinsames Kind geboren wird und ein Ehegatte wegen der Betreuung des Kindes seine Berufstätigkeit aufgibt oder nicht mehr vollumfänglich ausführt, ist der Unterhaltsverzicht mit dem Tag der Geburt unwirksam, und es gilt das gesetzliche Unterhaltsrecht.

§ 3 Versorgungsausgleich

Der Versorgungsausgleich wird ausgeschlossen.

Vom Notar wurden wir darüber aufgeklärt, dass der Gesetzgeber im Falle der Ehescheidung eigentlich den Ausgleich der während der Ehezeit erworbenen Versorgungsanwartschaften vorsieht und hiermit dieser Ausgleich ausgeschlossen wird. Ferner wurden wir darüber unterrichtet, dass der Ausschluss des Versorgungsausgleichs hinfällig ist, wenn innerhalb eines Jahres Antrag auf Ehescheidung gestellt wird.

Für den Fall, dass ein gemeinsames Kind geboren wird und ein Ehegatte wegen der Betreuung des Kindes seine Berufstätigkeit aufgibt oder nicht mehr vollumfänglich ausführt, ist der Ausschluss des Versorgungsausgleichs mit dem Tag der Geburt unwirksam, und es gelten die gesetzlichen Bestimmungen, berechnet ab dem Stichtag der Geburt.

§ 4 Erbfall

Für den Fall, dass einer von uns vor dem anderen verstirbt, setzen wir uns gegenseitig zu alleinigen und unbeschränkten Erben ein. Mit der Geburt eines gemeinsamen Kindes gilt das gesetzliche Erbrecht.

§ 5 Salvatorische Klausel

Sollte eine dieser Bestimmungen unwirksam sein oder werden, so tritt an die Stelle der unwirksamen Bestimmung eine Regelung, die dem Interesse des Gesamtvertrages und dem Willen der Parteien zum Zeitpunkt des Vertragsschlusses am meisten entspricht. Ebenso werden etwa vorhandene oder auftretende Lücken im Geiste des Gesamtvertrages und dem Willen der Parteien zum Zeitpunkt des Vertragsschlusses gefüllt.

(Vermerke des Notars)

Jung heiratet Alt, Arm heiratet Reich

Die etwas provozierende Überschrift soll lediglich direkt zum Thema führen. Denn wenn ein junger Mensch einen reiferen Menschen heiratet, bringt dieser seine Jugend mit in die Ehe, sodass grundsätzlich auch in diesen Fällen nicht zwingend ein Ehevertrag geschlossen werden muss. Ebenso kann der Reiche gewillt sein, sein Vermögen zu teilen.

Bei großen Unterschieden im Einkommen und Vermögen wird jedoch oft nicht eine zu große Verschmelzung gewünscht. Ist dies der Fall, muss ein Ehevertrag geschlossen werden. Dieser braucht

Muster-Eheverträge

auch nicht eine strikte Trennung zwischen den Vermögensmassen herbeizuführen, sondern kann auch einen zwischen gesetzlicher Regelung und strikter Trennung der Vermögensmassen angemessenen Mittelweg gehen.

Muster-Vertrag

```
Verhandelt am ......
Vor dem Notar Dr. Heindl in München
sind heute erschienen die Verlobten
Hans Bernauer, geb. am 21.8.1975, Hildesheimer
Straße 12, 80809 München
und
Patrizia Seidl, geb. am 18.4.1974, ebenda
Die Erschienenen beabsichtigen, in Kürze zu heiraten. Sie schließen für den Fall der Eheschließung folgenden
```

Ehe- und Erbvertrag

§ 1 Güterrecht

Es verbleibt beim gesetzlichen Güterstand der Zugewinngemeinschaft mit der Maßgabe, dass an die Stelle der Zugewinnausgleichsforderung eines jeden Ehegatten in Höhe der Hälfte des Überschusses im Falle einer Scheidung jeweils nur eine Zugewinnausgleichsforderung in Höhe eines Viertels des Überschusses tritt.

§ 2 Nachehelicher Unterhalt

Beide Ehegatten vereinbaren den Verzicht eines Aufstockungsunterhalts und nehmen den Verzicht gegenseitig an.

Im Übrigen bleibt es bei dem nachehelichen Unterhalt mit der Maßgabe, dass sich der nacheheliche Unterhalt nicht nach den ehelichen Lebensverhältnissen zum Zeitpunkt der Scheidung bestimmt, sondern nach der beruflichen Stellung des unterhaltsberechtigten Ehegatten zum Zeitpunkt der Eheschließung, soweit der sich daraus ergebende Unterhaltsanspruch niedriger ist.

§ 3 Versorgungsausgleich

Der Versorgungsausgleich wird ausgeschlossen.

Vom Notar wurden wir darüber aufgeklärt, dass der Gesetzgeber im Falle der Ehescheidung eigentlich den Ausgleich der während der Ehezeit erworbenen Versorgungsanwartschaften vorsieht und hiermit dieser Ausgleich ausgeschlossen wird. Ferner wurden wir darüber belehrt, dass der Ausschluss des Versorgungsausgleichs hinfällig ist, wenn innerhalb eines Jahres Antrag auf Ehescheidung gestellt wird.

Der Versorgungsausgleich ist jedoch nur wirksam ausgeschlossen, wenn der Ehemann auf den Namen der Ehefrau mit Wirkung ab dem Datum der Eheschließung eine dynamische Kapitallebensversicherung mit Rentenwahlrecht auf das gesetzliche Rentenalter zum Zeitpunkt der Eheschließung abgeschlossen und die Beiträge hierfür regelmäßig bezahlt hat.

Im Falle der Scheidung kann der Ehemann mindestens die Hälfte der noch bis zum Rentenalter der Ehefrau zu entrichtenden Jahresbeiträge oder mindestens die Hälfte der Beiträge, die bisher zu entrichten waren, sofern diese niedriger sind, als einmalige Abfindung bezahlen, mit der Folge, dass dann keine weiteren Zahlungen mehr im Zusammenhang mit der Alterssicherung zu leisten sind.

§ 4 Erbfall

Wir setzen uns gegenseitig zu alleinigen und unbeschränkten Erben ein.

§ 5 Salvatorische Klausel

Sollte eine dieser Bestimmungen unwirksam sein oder werden, so tritt an die Stelle der unwirksamen Bestimmung eine Regelung, die dem Interesse des Gesamtvertrages und dem Willen der Parteien zum Zeitpunkt des Vertragsschlusses am meisten entspricht. Ebenso werden etwa vorhandene oder auftretende Lücken im Geiste des Gesamtvertrages und dem Willen der Parteien zum Zeitpunkt des Vertragsschlusses gefüllt.

(Vermerke des Notars)

Eheschließung trotz hoch verschuldeten Partners

Ist einer der Partner verschuldet, so denkt man zunächst an die Vereinbarung einer Gütertrennung. Zum Schutz vor den Gläubigern des verschuldeten Ehegatten ist dies jedoch nicht erforderlich. Denn die Eheschließung führt nicht zur Haftung für die Schulden des anderen Ehegatten. Die gegenteilige Ansicht ist in der Bevölkerung zwar verbreitet, aber falsch. Aufgrund der sich jedoch faktisch vermischenden Vermögensmassen sollte ein klärender Ehevertrag geschlossen werden, damit nicht die Gläubigerschutzvorschriften, welche unter Umständen Eigentum des verschuldeten Ehegatten vermuten, das aber tatsächlich nicht dem verschuldeten Ehegatten zusteht, greifen.

Damit der verschuldete Ehegatte nicht überproportional am Zugewinn des nicht verschuldeten Ehegatten teilnimmt, sollte das Anfangsvermögen festgesetzt werden. Denn der verschuldete Ehegatte wird mit seinem Einkommen seine Schulden bedienen, während der andere einen Zugewinn erwirtschaftet. Setzt man das Anfangsvermögen des verschuldeten Ehegatten mit Minus an, mindert dies den etwaigen Zugewinnausgleichsanspruch entsprechend der abgetragenen Schulden.

> **Praxis-Tipp:**
> Da die Gefahr besteht, dass dem verschuldeten Ehegatten im Falle der Scheidung mit gewisser Wahrscheinlichkeit Unterhalt zu gewähren ist, muss ein Ausschluss des nachehelichen Unterhalts empfohlen werden.

Oft wird in solchen Fällen der verschuldete Ehegatte einer selbstständigen Tätigkeit nachgehen, mit der Folge, dass er wahrscheinlich kaum oder nur geringe Versorgungsanwartschaften erworben hat. Es empfiehlt sich dann der Ausschluss des Versorgungsausgleichs.

Eine erbrechtliche Regelung macht wegen der Schulden wenig Sinn. Eine solche sollte aber im Laufe der Ehe im Auge behalten werden. Denn der verschuldete Ehegatte kann ja auch wieder zu Geld kommen.

Muster-Vertrag

Verhandelt am ......

Vor dem Notar Dr. Heindl in München

sind heute erschienen die Verlobten

Hans Bernauer, geb. am 21.8.1975, Hildesheimer Straße 12, 80809 München

– Ehemann –

und

Patrizia Seidl, geb. am 18.4.1974, ebenda

– Ehefrau –

Die Erschienenen beabsichtigen, in Kürze zu heiraten. Sie schließen für den Fall der Eheschließung folgenden

Muster-Eheverträge

Ehevertrag

§ 1 Eigentum

Es wird festgestellt, dass das gesamte Inventar der Ehewohnung gemäß anliegendem Inventarverzeichnis im Alleineigentum der Ehefrau steht, und vereinbart, dass das gesamte hinzuerworbene Inventar zu Eigentum der Ehefrau wird, es sei denn, beim Erwerb wird schriftlich etwas anderes vereinbart. Von dieser Regelung sind die persönlichen Gebrauchsgegenstände und Arbeitsmittel des Ehemannes ausgenommen.

§ 2 Güterrecht

Es verbleibt bei dem gesetzlichen Güterstand der Zugewinngemeinschaft.

Die Ehefrau verfügt über ein Sparguthaben in Höhe von 10 000,00 Euro. Deren Anfangsvermögen wird daher mit 10 000,00 Euro angesetzt. Der Ehemann ist vermögenslos und hat Schulden in Höhe von insgesamt 300 000,00 Euro. Das Anfangsvermögen wird daher auf minus 300 000,00 Euro festgesetzt.

§ 3 Nachehelicher Unterhalt

Auf nachehelichen Unterhalt wird gegenseitig verzichtet, und dieser Verzicht wird gegenseitig angenommen. Dies gilt für jede Form des nachehelichen Unterhalts, auch für den in Fällen der Not.

Vom Notar wurden wir darüber aufgeklärt, dass aufgrund dieses Verzichts im Falle der Scheidung untereinander keinerlei Ansprüche auf Unterhalt nach der Scheidung bestehen, selbst dann nicht, wenn ein Ehegatte nicht in der Lage ist, sich selbst zu unterhalten, und auf fremde Hilfe angewiesen ist.

§ 4 Versorgungsausgleich

Der Versorgungsausgleich wird ausgeschlossen.

Vom Notar wurden wir darüber aufgeklärt, dass der Gesetzgeber im Falle der Ehescheidung eigentlich den Ausgleich der während der Ehezeit erworbenen Versorgungsanwartschaften vorsieht und hiermit dieser Ausgleich ausgeschlossen wird. Ferner wurden wir darüber belehrt, dass der Ausschluss des Versorgungsausgleichs hinfällig ist, wenn innerhalb eines Jahres Antrag auf Ehescheidung gestellt wird.

§ 5 Salvatorische Klausel

Sollte eine dieser Bestimmungen unwirksam sein oder werden, so tritt an die Stelle der unwirksamen Bestimmung eine Regelung, die dem Interesse des Gesamtvertrages und dem Willen der Parteien zum Zeitpunkt des Vertragsschlusses am meisten entspricht. Ebenso werden etwa vorhandene oder auftretende Lücken im Geiste des Gesamtvertrages und dem Willen der Parteien zum Zeitpunkt des Vertragsschlusses gefüllt.

(Vermerke des Notars)

Ehevertrag mit einem/r Ausländer/in: „Ehe in zwei Schritten"

Bei Ehen mit oder unter Ausländern ist die Frage der Rechtswahl von zentraler Bedeutung. Aus deutscher Sicht ist eine Rechtswahl aber nur hinsichtlich des Güterstandes und in besonderen Fällen hinsichtlich der allgemeinen Wirkungen der Ehe möglich. Die Regelung des Güterstandes ist allerdings wiederum regelmäßig der wichtigste Teil eines Ehevertrages.

In der anwaltlichen Praxis ganz besonders von Bedeutung sind Eheschließungen eines Deutschen/einer Deutschen mit einer Auslände-

Muster-Eheverträge

rin/einem Ausländer. Auch hier steht zunächst die Frage der Rechtswahl im Vordergrund.

Hinzu kommt aber, dass ein nichtehelicher Partner regelmäßig nur den Aufenthaltsstatus eines Touristen in Deutschland hat. Solche Ehen werden daher oftmals bereits wenige Monate nach dem ersten Kennenlernen geschlossen. Trotz aller Liebe steht eine solch „junge" Ehe, jedenfalls statistisch gesehen, auf wackligen Beinen – was übrigens nicht nur für Ehen mit einem ausländischen Partner gilt. Diese Problematik kann mit einem Ehevertrag gemildert werden, dergestalt, dass beispielsweise eine tiefere eigentumsrechtliche, güterrechtliche und unterhaltsrechtliche Bindung davon abhängig gemacht wird, dass die Ehe eine gewisse Zeit bestanden hat (z. B. drei oder fünf Jahre). Diese „Ehe in zwei Schritten" könnte wie folgt vereinbart werden:

Muster-Vertrag

```
Verhandelt am ......
Vor dem Notar Dr. Heindl in München sind heute
erschienen die Verlobten
Hans Bernauer, geb. am 21.8.1975, Hildesheimer
Straße 12, 80809 München
und
Jessica McKey, geb. am 20.5.1978, kanadische
Staatsangehörige, ebenda
Nach seiner Erklärung und der Überzeugung des No-
tars ist Frau Jessica McKey der deutschen Sprache
nicht mächtig. Es wurde deshalb
Herr Henry Windsorb, Dietlindenstraße 5, 80804 Mün-
chen
als Dolmetscher hinzugezogen, welcher die heutige
Verhandlung und Urkunde übersetzt hat. Auf eine
Beifügung der schriftlichen Übersetzung der heuti-
gen Urkunde wurde allseits verzichtet.
```

„Ehe in zwei Schritten"

Frau Jessica McKey gibt zunächst, nachdem sie der Notar über die Bedeutung einer eidesstattlichen Versicherung und die strafrechtlichen Folgen unrichtiger Angaben belehrt hat, die folgende eidesstattliche Versicherung ab:

Ich versichere, dass ich derzeit nicht verheiratet bin.

Darauf erklären die Erschienenen, in Kürze heiraten zu wollen und schließen für den Fall der Eheschließung folgenden

Ehevertrag

§ 1 Eigentum

Es wird festgestellt, dass das gesamte Inventar der Ehewohnung gemäß anliegendem Inventarverzeichnis im Alleineigentum des Ehemannes steht und vereinbart, dass – sofern die Ehe noch nicht fünf Jahre bestanden hat – das gesamte in dieser Zeit hinzuerworbene Inventar zu Eigentum des Ehemannes wird, es sei denn, beim Erwerb wird schriftlich etwas anderes vereinbart. Von dieser Regelung sind die persönlichen Gebrauchsgegenstände und Arbeitsmittel der Ehefrau ausgenommen.

§ 2 Güterrecht

Für das Güterrecht wählen wir das Recht der Bundesrepublik Deutschland.

Unter Ausschluss des gesetzlichen Güterstandes der Zugewinngemeinschaft vereinbaren wir Gütertrennung.

Diese Vereinbarung steht unter der auflösenden Bedingung, dass die Ehe vom Tag der Eheschließung an fünf Jahre gedauert hat. Mit diesem Tag gilt dann der gesetzliche Güterstand der Zugewinngemeinschaft. Das bis zum Ablauf des Vortages jeweils erworbene Vermögen ist dann jeweils als Anfangsvermögen anzusetzen.

Muster-Eheverträge

Ein mögliches Rückforderungsrecht von Zuwendungen eines Ehegatten an den anderen im Falle der Scheidung der Ehe wird ausgeschlossen. Die Ehe ist nicht Geschäftsgrundlage für solche Zuwendungen. Dies gilt jedoch nicht für den Fall, wenn eine Rückforderung bei Hingabe der Zuwendung ausdrücklich vorbehalten wurde.

§ 3 Nachehelicher Unterhalt

Auf nachehelichen Unterhalt wird gegenseitig verzichtet und dieser Verzicht wird gegenseitig angenommen. Dies gilt für jede Form des nachehelichen Unterhalts, auch für den in Fällen der Not. Dieser Verzicht wird unwirksam, wenn die Ehe vom Tag der Eheschließung an fünf Jahre gedauert hat. Maßgebend für Anspruchsgrund und Umfang des Unterhaltes sind die Verhältnisse erst ab dem Zeitpunkt der Unwirksamkeit des Unterhaltsverzichtes.

Der Notar hat darauf hingewiesen, dass aufgrund dieses Verzichts im Falle der Scheidung untereinander keinerlei Ansprüche auf Unterhalt nach der Scheidung bestehen, selbst dann nicht, wenn ein Ehegatte nicht in der Lage ist, sich selbst zu unterhalten, und auf fremde Hilfe angewiesen ist.

§ 4 Versorgungsausgleich

Der Versorgungsausgleich wird ausgeschlossen.

Vom Notar wurden wir darüber belehrt, dass der Gesetzgeber im Falle der Ehescheidung eigentlich den Ausgleich der während der Ehezeit erworbenen Versorgungsanwartschaften vorsieht und hiermit dieser Ausgleich ausgeschlossen wird. Ferner wurde darauf hingewiesen, dass der Ausschluss des Versorgungsausgleichs hinfällig ist, wenn innerhalb eines Jahres Antrag auf Ehescheidung gestellt wird.

§ 5 Salvatorische Klausel

Sollte eine dieser Bestimmungen unwirksam sein oder werden, so tritt an die Stelle der unwirksamen Bestimmung eine Regelung, die dem Interesse des Gesamtvertrages und dem Willen der Parteien zum Zeitpunkt des Vertragsschlusses am meisten entspricht. Ebenso werden etwa vorhandene oder auftretende Lücken im Geiste des Gesamtvertrages und dem Willen der Parteien zum Zeitpunkt des Vertragsschlusses gefüllt.

.... Schlussvermerke des Notars

Hilfreiche Adressen

12

Hilfreiche Adressen

Stellen, die Adressen spezialisierter Rechtsanwälte vermitteln

Deutsche Anwalt-Auskunft
Tel: (0 18 05) 18 18 05
www.anwaltsauskunft.de

Vermittelt bundesweit der Anwalt-Auskunft angeschlossene Rechtsanwälte

Deutscher Anwaltverein
Littenstraße 11
10179 Berlin
Tel.: (0 30) 7 26 15 20
Fax: (0 30) 7 26 15 21 90

Hier erfahren Sie auch die Adresse des örtlichen Anwaltvereins in Ihrer Nähe.

Anwalt-Suchservice
Gustav-Heinemann-Ufer 58
50968 Köln
Tel.: (02 21) 9 37 38 03
Fax: (02 21) 93 73 89 61
www.anwalt-suchservice.de

Vermittelt bundesweit dem Suchservice angeschlossene Rechtsanwälte.

Weitere wichtige Anlaufadressen

- Bei den Amtsgerichten befindet sich das Güterrechtsregister.
- Die Standesämter sind für Fragen des Personenstandes zuständig. Dort werden Heiratsregister und die Familienbücher geführt.
- Die Botschaften und Konsulate der ausländischen Staaten geben Auskünfte zum jeweiligen Heimatrecht.
- Bei der Vermittlung eines Notars ist Ihnen Ihr Rechtsanwalt behilflich.

Findex

Alleinverdienerehe 36
Altersrente 66
Alterssicherung 21, 66
Altersversorgung 67
Anfangsvermögen 50, 100
Aufenthaltsstatus 104
Aufstockungsunterhalt 44
Ausgleichsforderung 51
Auslandsberührung 22, 103

Berufstätigkeit 23
Beurkundung, notarielle 14
Bürgschaft 73

Doppelname 30
Doppelverdienerehe 19, 36, 63, 68, 92, 94

Ehe-Erbvertrag 88
Eheliche Pflichten 26
Ehelicher Unterhalt 40
Eheliches Güterrecht 13
Ehename 19, 30
Eherecht 12
Ehetyp 12
Ehetypen
— Alleinverdienerehe 36
— Doppelverdienerehe 19, 36, 63, 68, 92, 94
— Ehe mit oder unter Ausländern 103
— Haushaltsführungsehe 36, 67
— Zuverdienerehe 36, 68
Ehevertrag 14

Eidesstattliche Versicherung 59
Einkommensteuer 76
Endvermögen 50
Erbfolge 88
Erbrechtliche Regelungen 22
Erbschaft- und Schenkungsteuer 76

Familienname 30
Familienunterhalt 36, 40
Familienwohnung 40
Firma 21
Formfreiheit 14
Freibeträge 76

Geburtsname 30
Gesamtgut 57
Gesellschaft bürgerlichen Rechts 73
Gesellschaft mit beschränkter Haftung 74
Gesellschaftsvertrag 74
Gläubigerschutzvorschriften 100
Gütergemeinschaft 20, 57
Güterrecht 20, 22, 60, 102
Güterrecht, eheliches 13
Güterrechtsregister 14, 39
Güterstand 82
Güterstand, gesetzlicher 20
Gütertrennung 20, 56, 89

Haftung 74
Hausfrauenehe 19, 62

Findex

Haushaltsführung 23
Haushaltsführungsehe 36, 67
Haushaltsgegenstände 50
Haushaltsgeld 36
Hausmannehe 19
Heimatrecht 83

Kinderbetreuung 23
Kinderwunsch 65
Kindesbetreuungsunterhalt 43
Kindesunterhalt 42
Kreditvertrag 73

Lebensbedarf 38
Lebensgemeinschaft, nichteheliche 13
Lebensversicherung mit Rentenwahlrecht 66

Miete 40

Name
– Doppelname 30
– Ehename 19, 30
– Familienname 30
– Geburtsname 30
Namensrecht 30
Nichteheliche Lebensgemeinschaft 13
Notarielle Beurkundung 14

Privatrecht 13

Rechtswahl 80, 83, 103
Rechtswahlvereinbarung 22
Rentenanwartschaften 62, 67
Rollenverteilung 19
Rückforderungsrecht 37

Scheidung 38, 40, 42, 44, 64, 67, 69, 72, 81, 101
Schlüsselgewalt 38

Schulden 52, 59, 100
Sondergut 58
Sparguthaben 20
Splittingtarif 76
Staatsangehörigkeit 81
Steuervorteile 21

Taschengeld 36
Trennung 40, 55

Unterhalt 19, 101
Unterhalt, nachehelicher 40, 106
Unterhaltsrecht 21, 41, 44
Unterhaltsverzicht 40, 43
Unternehmen 21
Unternehmensbeteiligung 21

Verbindlichkeiten 52
Verfügungen von Todes wegen 22
Vermögen 49, 52
Vermögen im Ganzen 49
Vermögensverwaltung 20
Versorgungsanwartschaften 65, 101
Versorgungsausgleich 21, 62, 106
Versorgungsausgleich, Ausschluss des 64
Versorgungslücke 68
Vertragsfreiheit 14, 48
Vorbehaltsgut 58

Wohnort 25

Zugewinn 88, 100
Zugewinnausgleich 51, 55, 89, 100
Zugewinngemeinschaft 20, 49, 88
Zusatzversicherung 67
Zuverdienerehe 36, 68
Zuviellleistungen 37